中国财政科学研究院智库丛书

聚焦“十三五”战略任务与发展思路

中国财政科学研究院　编

中国财经出版传媒集团
中国财政经济出版社

图书在版编目（CIP）数据

聚焦“十三五”战略任务与发展思路/中国财政科学研究院编．—北京：中国财政经济出版社，2016.10

（中国财政科学研究院智库丛书）

ISBN 978-7-5095-7009-8

Ⅰ.①聚… Ⅱ.①中… Ⅲ.①中国经济-经济发展战略-2016—2020-文集 Ⅳ.①F120.4-53

中国版本图书馆CIP数据核字（2016）第235811号

责任编辑：卢关平　　　　责任印制：刘春年
封面设计：陈　瑶　　　　版式设计：兰　波

中国财政经济出版社 出版

URL：http：//www.cfeph.cn

E-mail：cfeph@cfeph.cn

社址：北京市海淀区阜成路甲28号　邮政编码：100142

营销中心电话：88190406　北京财经书店电话：64033436　84041336

北京京华虎彩印刷有限公司印刷　各地新华书店经销

787×1092毫米　16开　10印张　171 000字

2016年10月第1版　2016年10月北京第1次印刷

定价：38.00元

ISBN 978-7-5095-7009-8/F·5610

（图书出现印装问题，本社负责调换）

本社质量投诉电话：010-88190744

打击盗版举报热线：010-88190492，QQ：634579818

总　序

党的十八届三中全会在明确“完善和发展中国特色社会主义制度，推进国家治理体系和治理能力现代化”这一全面深化改革总目标的同时，提出了“财政是国家治理的基础和重要的支柱”的重要判断，充分彰显出财政在国家治理现代化之中的地位与作用。

强调发挥财政在国家治理中的基础和重要支柱作用，是与我国经济社会发展阶段相联系的。在改革开放初期，政府的作用是促进改革和开放，财政改革主要是推动政府职能转换、改进政府与市场关系，让市场在资源配置中发挥更大的作用。随着我国经济社会转型进入新的阶段、国家实力逐渐增强以及大国财政使命的提出，财政在改革和发展中的作用日趋多样化、全方位，涉及经济、政治、社会、文化、生态文明建设各个领域。

在市场经济不断发展的基础上，社会结构及其整个上层建筑都发生了极大变化，社会成员利益关系变得复杂起来。在经济进入新常态的背景下，这种复杂的利益关系对于财政在国家治理中作用的发挥是一个新的考验。改革开放初期，财政政策着眼于关注国内，对于国际环境关注不多，现在财政政策的一举一动都对世界经济产生重要影响；改革开放初期，财政主要解决温饱问题，经济建设成为财政工作的突出任务，现在财政既要解决发展问题，又要解决改革问题，经济、社会、政治、文化和生态文明要协同发展；改革开放初期，中央和地方财政实力虽然都较弱，但地方政府债务也少，现在国家财政实力快速扩张过程中也面临着地方政府债务特别是或有债务快速扩张的问题，财政自身可持续性发展面临挑战。

财政作为国家治理的基础正在发生多维变化。改革开放初期，财政主要从经济维度发挥国家治理基础性作用，主要是处理好政府与市场的关系；在经济社会转型、利益关系多元化背景下，财政要从多维度支撑国家治理：既有国家与市场的维度，也有国家与社会（个人）的维度，以及公共部门内部（包括中央与地方、政府部门之间）的维度。

随着财政发挥作用的多维变化，财政理念也随之发生变化。改革开放初期，政府在市场失灵的领域提供公共服务；随着时代的进步，政府承担的各种责任（城镇化、养老、医疗、教育、环境保护等）在不断增加，在政府能力有限的情况下，政府与社会资本合作呼之欲出。政府和社会资本合作打破了传统主流经济学、财政学的基本看法：政府与市场是水火不相容的，二者是对立的；公共服务领域是市场失灵的领域，只能由政府来干。过去注重政府与市场之间的分工，现阶段则注重在分工基础上的合作。政府与市场关系需要进行再改革，一些新的问题又随之产生：在多元主体提供公共服务的同时如何保障社会公共利益，如何理顺政府与社会的关系，如何理顺政府内部如中央和地方之间、政府各部门之间的关系等。财政全方位、深层次嵌入国家治理体系和治理能力现代化之中，带来了许多需要用全新理论诠释的问题，也考验着各方面的智慧。

面对新阶段、新形势和新任务，财政如何有效支撑和推动国家治理现代化更需要新思路、新思想，财政智库或财政思想库也应运而生。可以说，财政智库是财政有效支撑和推动国家治理现代化的思想源泉，也是点亮财政作用于国家治理的“智慧之灯”。发达国家在财政现代化和国家治理体系与治理能力现代化过程中，财政智库的作用功不可没。要发挥好财政作为国家治理基础与重要支柱的职能作用，财政智库的基础性作用更是不可替代。

第一，财政智库是推进国家治理决策的科学化、民主化和法制化的重要支撑。当前，全面建成小康社会进入决定性阶段，破解财政改革发展稳定难题和应对全球性问题的复杂性艰巨性前所未有，迫切需要健全中国特色的财政决策支撑体系，大力加强财政智库建设，以财政科学咨询支撑财政治理的科学决策、民主决策和依法决策，以财政科学决策引领科学发展。

第二，财政智库是国家治理体系和治理能力现代化的重要内容。纵观当今世界各国现代化发展历程，智库在国家治理中发挥着越来越重要的作用，日益成为国家治理体系中不可或缺的组成部分，是国家治理能力的重要体现。全面深化改革，推进国家治理体系和治理能力现代化，推动协商民主广泛多层制度化发展，建立更加成熟更加定型的制度体系，必须切实加强中国特色新型财政智库建设，充分发挥智库在治国理政中的重要作用。

第三，中国特色新型财政智库是国家软实力的重要组成部分。一个大国的发展进程，既是经济等硬实力提高的进程，也是思想文化等软实力提高的进程。智库是国家软实力的重要载体，越来越成为国际竞争力的重要因素，在对外交往中发挥着不可替代的作用。树立社会主义中国的良好形象，推动中华文化和当代中国价值观念走向世界，在国际舞台上发出中国声音，迫切需要发挥中国特色财政新型智库在公共外交中的重要作用，不断增强我国在国际财经和公共事务的国际影响力和国际话语权。

正是考虑到智力资源是一个国家、一个民族最宝贵的资源，考虑到我国智库发展面临的各种瓶颈，2015年1月，中共中央办公厅、国务院办公厅印发了《关于加强中国特色新型智库建设的意见》，提出加强智库建设整体规划和科学布局，统筹整合现有智库优质资源，重点建设50~100个国家急需、特色鲜明、制度创新、引领发展的专业化高端智库。

中国财政科学研究院的前身财政部财政科学研究所（财科所），于1956年根据毛泽东主席的指示而成立，2016年2月正式更名。60年前财科所成立之初，就定位为政府部门的政策咨询机构，以探索我国财政经济问题和培养财政、会计专门人才为己任，为党中央和国务院中心工作服务，为财政经济发展的现实服务。为此，一代又一代财政科研人员为我国财政科研事业做出重要贡献。60年后的今天，中国财政科学研究院正致力于转型、创新，努力创建一流新型智库。

根据智库建设与发展的规划，本院推出“中国财政科学研究院智库丛书”。该丛书内容既包括本院各年度重要《研究报告》的文集，也包括本院承担完成的一些重大科研项目成果，以及本院研究人员研究、撰写的各类专著。目的在于集中展示财科院的科研成就，扩大科研成果的宣传和社会效果，全面提升财科院的智库影响力。

不忘初心，砥砺前行。我们将明确智库建设的宗旨，在传承既有科研优势和办院特色的基础上，探寻新型高端智库建设的途径，潜心探索财政与国家治理的新理论、新观点、新思路、新对策，与各界同仁一道，共同致力于现代财政制度建设，开创国家治理现代化之美好未来。

“中国财政科学研究院智库丛书”编委会

2016 年 7 月

以社会化改革推动市场化改革的全面深化

（代序）

刘尚希

进入“十三五”时期，中国的社会化改革应当置于全面深化改革的首位，以牵引其他方面的改革。但改革的思维仍在惯性之中，并没有对此真正引起重视。经济的新动能、供给侧改革、创新驱动是当前最流行的说法，其实都与社会化改革有内在关联。没有社会化改革，这些方面的问题都难以解决。

一、供需脱节不仅仅是经济自身的问题

讲到供给侧，大家都知道的问题是缺乏安全有效的供给，所以消费外流达到了上万亿元的规模。如奶粉、电饭煲，甚至马桶盖，消费者都抢着买国外的，其途径是出境旅游购物或通过电商网购。这样的一些事例经过媒体放大以后，给人的印象是，我们的供给不少是无效供给。再加上传统产能普遍过剩，更是形成一种感觉，现在的问题都是供给的问题。

但这些供给方面的问题是怎么造成的？分析和研究的人不少，普遍的看法是经济自身的问题。没错，它确实是一个经济现象，不过从更深层次来观察，问题不仅仅在经济自身。消费者都希望买到有品质的、安全的产品和服务，可问题是这些东西怎么才能生产出来呢？是不是有了什么样的需求，就会产生相应的供给？其实，这是不确定的。供给与需求脱节，仅仅从经济本身难以找到答案，因为经济系统不是孤立的，都嵌入到更大的社会系统之中，并受社会系统的深层影响。例如，地球自成一个系统，但受太阳系这个更大系统的影响，而且这种影响是根本性的、长期性的。

市场通过竞争有一定的激励约束作用，但是仅仅靠市场竞争不会自发产生安全有效的合意供给。譬如说，在政府监管不到位的情况下，如果假冒伪劣的产品可以在市场上畅通无阻，那些有品质的、安全的供给从何产生？这样会产生一种逆向淘汰的结果，劣币驱逐良币，安全有效的供给就会严重不足。

任何一个做企业提供产品或服务的人，都是社会的人，都会嵌入到一定社会环境之中。作为社会的人，应当是讲良心、讲道德的，如果他是一个纯粹的经济人，为了经济利益不择手段，这时你能指望有安全有品质的供给吗？在社会约束、法律约束都很弱的情况下，这是不可能的事情。纯粹的市场竞争，既不会自动产生道德和良心来约束，也不会自动产生规则、标准和法律。所以，真正安全有效的供给既来源于市场竞争本身，更重要的是来自于社会对市场的约束，以及政府对市场有效的监管。仅仅靠市场，不会产生安全有效的供给，也无法解决供给与需求脱节的问题。很显然，这就提出了一个新的命题，那就是政府与社会的关系。

政府与社会的关系是全面深化改革的重要内容。在这里，“社会”的含义是广义的，包括文化、社会事业和社会组织等方面。这些方面的改革在党的十八届三中全会的决定中已经明确提出，但现在看来并没有取得实质性的进展。当前的改革是个什么样的状况？改革进入深水区，存在空转打滑的现象，就是说改革难以真正落地。政府与社会关系的改革自然也在其中。这是为什么？尽管原因很多很复杂，但其中最重要的是改革的顶层设计不到位。

二、各项改革都应回到国家治理现代化这个总目标上来

全面深化改革是非常复杂的系统工程，顶层设计不可或缺。那么，如何实现改革的顶层设计到位呢？

首先，要避免认识上的误区。这有两个方面很容易形成误区：一是“工程思维”。工程思维是以力学原理为基础的，其特点是确定性。任何工程设计都是以确定性——力学规律为前提的。而改革属于社会工程，是以社会科学为基础的，其特点是不确定性。任何一项改革，都无法找到像力学规律一样的确定性来支撑顶层设计。从理论上讲，改革失败的概率要远远高于工程失败的概率。所以，改革的顶层设计不能有像盖房子那样的工程思维，要预

计到有大量的不确定性在等着我们，千万不能以为，只要文件一发，改革的进程就可确定了，改革的目标就会顺利实现。二是上层设计等于顶层设计。这是不确定的，可能是，也可能不是，关键在于是不是从整体来考虑。顶层设计的真正内涵是：整体设计＋上层设计。没有整体思维的顶层设计将会使改革部门化、碎片化，导致改革难以落地。在改革推进过程中，改革不协调，甚至相互掣肘的现象普遍存在。这是缺少整体设计的结果，只有纲举才能目张。

其次，改革的顶层设计要回到党的十八届三中全会确定的改革总目标。只有回到新时期全面深化改革的决定上来，我们才能把现有的五花八门的改革理出一个头绪。改革，既要问题导向，也要目标导向，两者必须有机结合。如果只有问题导向，改革就会陷入碎片化，就有迷失方向的危险。十八届三中全会明确的改革总目标，简化地说，就是国家治理现代化。国家治理的现代化，意味着新时期的改革是国家治理的改革，国家治理的改革也就是要重塑一个新的国家治理结构，使之适应中国当前发展新阶段的新要求。用政治经济学的语言来表达，就是要重构生产关系以适应当前生产力发展的状况。

有一个非常形象的比喻，我们的脚长大了，但是鞋子还是以前的，大脚穿一双小鞋走路，会很别扭，走不快，也走不稳，我们要打造一双新鞋，这双新鞋就是一个新的国家治理结构。问题是，国家治理结构究竟是什么呢？这要具体化，不能停留在一个抽象概念上。

三、从整体出发，重塑国家治理结构

国家治理结构有三个基本维度：第一个维度是政府与市场的关系，这个维度的改革搞了30多年将近40年了，至今还没有完成。第二个维度，政府与社会的关系，现在提出来了，但这个维度的改革并没有实质性的突破，我们是在没有整体设计的情况下，从各个侧面在迂回地进行第二个维度的改革，譬如说科教文卫的改革，就是在各个领域去分别实施的，缺乏统一的整体设计。还有一个维度，即第三个维度，中央与地方的关系。这三个维度从整体上构成了一个国家的治理结构，不同的国家治理结构实际上体现在这三个维度关系怎么去处理，遵循什么样的原则。

在这三个维度关系中，政府与市场的关系、政府与社会的关系是基础。政府与市场、政府与社会的关系没理顺、没搞明白，中央与地方的关系也难以有实质性的进展。当然，中央与地方关系没理顺，也会制约政府与市场、政府与社会关系的处理。那么，政府与市场的关系、政府与社会的关系该如何去处理？从中国现有的情况来看，应当是分权改革。

向市场分权，称之为市场化的改革，目的是构建经济的微观基础，建立现代企业制度，即经济组织是自治的。传统的国营企业不是自治自主的，而是依附于政府各个部门，市场化改革改变了这种状况。

政府与社会的关系也需要分权改革，政府要向社会分权，构建社会的微观基础，形成社会的自治。这也就是要形成各种各样的社会自治组织，增强社会自我净化、自我约束、自我管理的能力。没有社会的自主管理，什么都依靠政府来管理，在市场化程度不高的条件下也许是可以的，但随着经济市场化程度的提高，各种利益主体越来越多元化、利益关系越来越复杂化、多层化，政府将会越来越力不从心，因为超出了政府的能力范围。

四、社会化改革是当前全面深化改革的短板

向市场分权和向社会分权，用党的经典理论来解释的话，可以很好地进行表达，那就是群众路线。市场化的改革就是走群众路线，在经济领域发动群众、依靠群众，让群众去配置资源，创造财富。在社会领域同样也要走群众路线，向社会分权，相信群众，依靠群众，形成社会自治，让社会有自我约束、自我管理的能力。

在这个基础上，就会形成一种新的关系：社会与市场的关系。社会与市场的关系应当是一种互动的关系，也是一种互补和相互制约的关系。前面说的供给问题，如果以社会对市场形成有效的约束，如果企业家都有社会责任意识，在经济领域活动的各个主体都有一种职业良心、有做事的底线，供给中出现的各种各样的问题会大大减少，老百姓各种各样的担忧、消费的外流也不至于像今天这么厉害。当然，消费的外流是很自然的，全球化了，会在旅游的时候买一些国外有特色的产品。但是像奶粉这种生活必需品普遍去买国外的，实际上反映了消费者对国内产品的不信任，有一种不安全感才会导致这种局面。

很显然，在这里有政府的问题，标准陈旧、且不合理，监管不到位，法治不健全；同样，社会自治也是不到位的，社会没起到约束市场的作用，不但没能为市场导航，反而导致市场侵蚀了社会。伦理道德、职业操守和社会责任普遍缺失；而唯利是图，不择手段，不讲诚信成了普遍现象。企业家精神、工匠精神的缺失，就反映出社会发育严重滞后于市场化。缺乏社会约束的市场肯定是不健康的市场，是功能残缺的市场。创新意识不足，投机、泡沫、短期化等等这些现象都是从中衍生出来的。

从中不难看出，政府与社会的关系这个维度的改革太弱，社会与市场的关系不正常，单兵突进的市场化改革也难以深化。从整体观察，各个维度的改革是相互关联的，在当今改革发展新阶段，再沿着过去改革的路径，主要在市场化改革上发力是不够的。在新的条件下，我们需要进一步解放思想，通过向社会分权的改革来深化向市场分权的改革，即以社会化改革来深化市场化改革，以社会化改革来推动改革的全面深化，来重构国家治理结构。

五、以社会化改革来统揽科教文卫等领域的改革

中国现阶段的发展越来越具有整体性特征，这种整体性特征就是要求各个维度都要通过改革来促进发展，这种发展既有经济的发展也要有社会的发展。我们过去30多年的发展主要是在体魄上，主要是长个了，像青少年一样，现在不仅需要强健的骨骼，更需要健康的心理和成熟的精神。以政府与市场关系为主线的市场化改革，实现了“长个”的目标，我国已经成为世界第二大经济体。但不能满足于此，以政府与社会的关系为主线的社会化改革，则要实现新的目标：长精神，以社会的发育来促进市场的健康，以社会理性来引领经济理性，以价值理性来引导工具理性。进入知识经济时代，社会公共价值不仅体现在对人行为的约束上，也更多体现在产业结构、企业价值和产品附加值上。不体现文化、社会价值的产品，其附加值就难以提高。

在现有体制下，社会化改革包括两大块：一块是体制内，涵盖各个领域的事业单位；另一块是体制外，涵盖各领域的民间社会组织。这类似于我们的企业，过去有大量国营企业，通过改革变为市场主体；同时，放开搞活，产生了大量民营企业。在社会领域也有国有事业单位，非国有的则被称之为民间的各种社会组织。从科教文卫等各个领域来看，既有事业单位，也有民

办组织，如研究院所、学校、医院、影剧院、养老院等等。对于体制内的社会化改革，集中体现为事业单位体制改革；对于体制外的社会化改革，则集中表现为放开搞活，减少管制。无论体制内，还是体制外，社会化改革的目标是一致的，即构建社会微观基础，激活社会活力。

以政府与社会关系改革为主线的社会化改革，首先要突破的是事业单位体制的改革，这跟当年的国营企业的改革是类似的。事业单位要变成独立的社会主体，而不是依附于政府的各个部门。只有这样，当前的科教文卫、科研院所的改革才有微观基础，有了微观基础，才能进一步深化科教文卫各个领域的改革。构建社会微观基础，打造社会自治主体，这是社会化改革的核心。当前科教文卫改革之所以举步维艰，是因为缺少整体设计；而之所以没有整体设计，则是因为缺了社会化改革这个抓手；之所以找不到这个抓手，则是因为没有着眼于微观基础的构建。

当然还要进一步放权，让民间社会组织充分发展起来，既可以办医院、也可以办学校、办慈善，还可以办行业协会等等。这些民间社会组织和事业单位融合发展，就可形成现代社会事业制度。有了现代社会事业制度，再有完善的市场制度，两者匹配起来，中国的发展才能是完整的，也只有这样，中国的发展才能是健康的、可持续的。

中国全面的发展、整体的发展，需要全面的、整体的改革，即构建一个新的国家治理结构。我们要以社会化改革来推动整个国家治理结构的系统性重塑，尽管经济的改革、市场化改革并未完成，但当前迫切需要破题的是政府与社会关系的改革。科技、教育、卫生、文化等方面的改革都应纳入到这个维度来统筹考虑、整体设计。

实现创新驱动，提高劳动生产率，从何而来？这离不开政府与社会关系的改革，以及社会与市场关系的构建。在这方面没有实质性的突破，光靠企业成为创新的主体是远远不够的。经济创新要靠社会创新。社会创新是经济创新的上游，必须要有活力，唯有源头活水，创新驱动才能真正落地。

目录 ■■■■

“十三五”时期财政金融有效支持实体经济的对策研究

——全方位提升经济效率跨越“中等收入陷阱”

刘尚希　孟　艳

摘　要：

“十三五”时期是中国经济结构升级换代的关键时期，本文通过分析宏观经济运行面临的有利因素和突出风险，提出通过全方位创新提升实体经济的效率，加快经济结构调整。在此基础上，从财政金融与实体经济相生相克的逻辑关系来认识财政金融发展的内涵，强调财政金融对转型升级的关键作用，探讨未来五年财政金融改革的具体措施。财政作为国家治理的基础，支持实体经济发展可从化解风险和深化财税改革两个视角形成基本思路。金融支持实体经济发展，需要从金融体系的顶层设计入手，加快改革金融管理体制和社会资金的配置格局，不断优化金融结构。

关键词：

财政金融　实体经济　经济结构　经济效率

“十三五”时期（2016—2020 年）是中国经济结构实现升级换代，跨越中等收入陷阱，全面建成小康社会并进入更高经济发展阶段的关键时期。升级换代是我们努力追求的发展目标，中等收入陷阱则是需要谨慎避免的风险，完成这两项任务，都要求“十三五”时期的实体经济发展水平整体上有一个质的提升，在保持合理经济增速的情况下，提高经济增长的质量。目前，中国已成长为世界第二大经济体，又是人口最多的国家，还面临着环保压力、资源瓶颈、人口老龄化、经济下行风险、国际竞争加剧等诸多制约因素，以如此庞大的体量实现经济发展更上一层楼非常具有挑战性。

过去依赖要素高投入的发展模式已不可持续，可行的路径只有以全方位创新提升实体经济的效率，即通过科技创新、管理创新、机制创新和制度创新，激发经济运行的活力，优化资源配置，统筹兼顾长短期目标，化解各种矛盾和风险。在此过程中，财政金融是关键。只有财政金融与实体经济形成良性循环，转型升级才有可能。

一、对“十三五”时期宏观经济运行的基本预判

经济史表明，经济结构调整的过程，是资源配置格局重新组合和转换的过程，也是优胜劣汰的产业升级过程。但无论是劣势产业的淘汰出局，还是新兴业态和新兴产业的培育，都需要支付相应的成本。如果这种新旧更替的高额成本与经济增速严重下滑复合在一起，会加重结构调整的代价，甚至引发经济衰退，结构调整的过程也会因此更为痛苦；如果继续以扩张性政策刺激经济增长，则类似饮鸩止渴，不仅不可持续，而且还会延迟调整进程，阻碍未来经济发展。

未来五年是中国经济结构调整的突破阶段，在宏观经济运行的诸多领域需要系统化的战略思维，权衡利弊，统筹兼顾长短期利益，寻求调整过程的平衡之道。在总体要求上会承接“十二五”收官之年的思路，即：“着眼于保持中高速增长和迈向中高水平的‘双目标’，坚持稳政策预期和促改革调结构‘双结合’，打造大众创业、万众创新和增加公共产品、公共服务‘双引擎’，推动发展调速不减势、量增质更优，实现中国经济提质增效升级。”

从国内外环境分析，实现“十三五”时期的经济发展目标和总体要求，我

们认为，有四大有利因素和四种突出风险值得密切关注，可以通过把握好有利因素带来的机遇，阻隔风险因素产生和传播的条件，来探讨未来五年改革和发展的路径和举措。

（一）有利因素

有利因素之一，政府治理水平和廉洁程度的提升。党的十八大以来，中国政府全面推进依法治国，倡廉治奢，致力于打造“阳光政府”，通过简政放权，转变政府职能，推行负面清单、权力清单、责任清单制度，用政府权力的“减法”，换取市场活力的“乘法”，有利于释放市场发展的空间，稳定经济发展预期，为深化改革提供良好的宏观管理环境。

有利因素之二，中国拥有发达的互联网和完备的制造业供应链条。以德国工业4.0，美国再工业化为代表，国际上科技竞赛如火如荼，新一轮科技革命正以信息经济新范式改造传统行业，通过互联网元素与制造业的融合生成的智能制造已经逐步实施和扩散开来。中国拥有较为发达的互联网基础设施，是世界上唯一拥有联合国产业分类中全部工业门类的国家，通过实施“中国制造2025”战略，动员各种生产要素向新兴产业和新兴业态汇集，追赶科技进步潮流，促进工业化和信息化深度融合，加快制度创新和技术创新，是兼得经济结构调整和经济增长双目标的关键所在。

有利因素之三，国内区域经济协同发展的新局面。未来五年，城镇化依然是中国经济发展的重要潜力所在，京津冀一体化战略和长江经济带战略是推进新型城镇化的重要抓手，有利于促进生产要素的区域自由流动，经济落后地区与发达地区互联互通，优势互补，共同发展，优化国内经济的空间布局。

有利因素之四，国际经济合作的新格局。“一带一路”战略建设为中国开辟了国际合作和实施走出去战略的新格局，有利于打开外部世界的需求，提高国内产业的梯度布局能力，为经济结构调整赢得空间和时间。自贸实验区建设有利于以点带面扩大对外开放，促进国内外生产要素的自由流动，提高资源配置效率。亚洲基础设施银行等国际组织兴起有利于中国在全球经济一体化中把握主动，发挥经济优势，实现互利共赢。

（二）风险因素

风险因素之一，债务的可持续性。2008 年以后，去杠杆化和修复资产负债表是许多国家尤其是发达经济体普遍面临的任务，欧洲一些国家和日本至今仍然是债台高筑，甚至面临清偿能力危机。中国债务问题的凸显则出现在 2013 年以后，突出表现为地方政府性债务的攀升，未来五年，受房地产市场价格波动，经济增速下降，养老和医疗支出压力加大，偿债高峰期来临等因素影响，政府性债务问题仍会影响财政和实体经济健康运行。

风险因素之二，融资难融资贵。由于金融结构不合理和金融管理体制改革不到位，中国存在货币宽松与实体经济融资难融资贵并存的矛盾现象，资金不能有效配置到效率高、具有良好发展前景的企业中，大量社会资金沉淀在金融体系内部或僵尸企业之中，低效的金融资源配置格局会束缚经济活力。

风险因素之三，经济下行压力。从外部经济环境来看，除美国以外的主要经济体放缓，外部需求低迷；从国内发展条件来看，人口红利减少，企业效率下降，经济增长面临动力不足，从而导致经济下行，需要警惕效率、效益下降引发的结构性收缩加剧的问题，尤其需要避免两者的相互叠加。

风险因素之四，环境污染与资源浪费。与其他经济体的发展历程相似，工业化也给中国带来了突出的环境污染，增加了社会和家庭的医疗成本，也增加了社会运行的成本。未来五年，环境治理需要社会各方加大投入，城市和乡村都要走清洁发展之路。与此同时，由于技术、成本、管理或体制方面的原因，中国还存在严重的资源浪费问题，包括能源、金融资源、人力资源、自然资源等，例如，“高消耗”问题，中国单位 GDP 能耗依然为高收入国家的 1.8 倍，中等收入国家的 1.2 倍，世界平均水平的 1.5 倍。

以上这些公共风险因素都可能拖累“十三五”时期经济运行双目标的实现，从另一个角度看，可以把这些公共风险转化为改革的动力，以公共风险为导向，把化解上述风险作为政府改革和政策的着力点，推行全方位创新，加快经济结构调整。

二、财政金融与实体经济的逻辑关系简析

实体经济是财政金融发展的基础。财政金融应以有效服务和支持实体经济发展为目标导向，如果偏离实体经济，财政金融就会成为无源之水，不可持续。财政金融发展状况与实体经济的运行状态相辅相成，不应出现长期的大幅度偏离。

资金是现代经济运行的血脉，财政和金融都涉及资金的运动，前者是公共资金的运动，后者是社会资金的运动，财政金融活动对实体经济发展具有深入而广泛的影响力，既可以有效支持实体经济发展，也可能成为实体经济耗损的重要因素。构建现代财政金融制度，正确运用财政工具和金融工具可以引导或推动实体经济发展，而财政风险、通货膨胀、金融压抑等则是耗损因素，甚至是破坏性因素，例如，金融危机、财政危机与经济危机常常相伴。

观察近年来全球经济的运行状况，也可以验证财政金融发展与实体经济之间相辅相成和相生相克的逻辑关系。21 世纪初期，美国在网络经济泡沫破灭以后，运用低利率的货币政策刺激经济和房地产市场发展，实现了金融业繁荣和实体经济稳步增长的目标，但是，也埋下了金融危机的种子。2008 年，美国次贷危机引发国际金融危机和经济衰退，扩张性财政政策和量化宽松的货币政策成为应对措施，与之相伴的是政府债务的快速攀升，甚至美国国债作为无风险资产的地位都一度受到质疑，金融风险向财政风险转化，凭借着能源等领域的科技进步和美元作为世界货币的国际地位，经过 6 年之久的努力，美国经济才逐步回归到正常运行轨道，通过实体经济增长消化累积的财政风险。

而其他发达经济体则没有这样幸运，仍然没有完全走出财政风险、金融风险和经济衰退相互反馈的泥潭，欧洲债务危机的爆发和日本经济长期衰退即为例证。问题的起因都是在于老龄化、外部不景气等因素引起经济增长乏力，进而金融风险暴露，表现为银行不良资产激增、房地产、股票市场等资产价格快速下滑，政府通过扩张性财政政策刺激经济发展，导致政府债务水平激增，甚至财政危机。面对这种困境，欧元区国家被迫实行财政紧缩，经济衰退条件下的财政紧缩措施进一步拖累实体经济复苏，债务违约、债务重组等问题至今仍是欧洲经济的拖累。而日本则选择了推移风险的债务维持模式，长期实施零利率政策，虽然

避免了财政风险演化为债务危机，但经济运行始终缺乏活力，没有完全摆脱不景气的状态。面对财政金融发展与实体经济交织互动的复杂作用机制，发达经济体尚且如此，对收入水平相对较低的发展中国家而言，则更具挑战性。

如前所述，“十三五”时期中国实体经济运行面临的风险因素包括财政、金融和实体经济等三大领域，在经济增速放缓的条件下，尤其要防范和化解这些领域的风险转化为公共风险，警惕三大领域的风险相互反馈，汲取欧洲和日本的前车之鉴。从审慎的角度，结合“十三五”时期以全方位创新推进经济结构调整的发展路径，我们认为，应从与实体经济相生相克的关系来认识财政金融发展的内涵，探讨未来五年财政金融改革的具体措施。

第一，财政金融发展应促进（相生）而不是抑制（相克）实体经济发展，即通过财政金融发展来化解实体经济的风险，避免财政金融自身做大做强而挤压实体经济。美日欧经济运行境况的差异存在一个关键原因，美国在处理金融危机和财政风险的过程中，实现了科技创新和生产效率的提升，而日本和欧洲国家这方面较为滞后，导致实体经济缺乏驱动力。因此，财政金融发展都应以支持创新驱动为导向，为适应新环境做出改变，直接服务于实体经济生产效率的提升。

第二，针对实体经济发展，财政政策与货币政策需要为实体经济创造宽松的发展环境，避免在结构调整阵痛期经济加速下滑；同时，发挥政策引导作用，引导更多的社会资源支持两类领域，一类是有助于增强国家竞争力的支柱产业和新兴产业，另一类是关系国计民生的基础产业。从政策特征来看，财政政策长于结构调整，货币政策长于总量调控，基于此，“十三五”时期财政政策在结构调整方面需要发挥更大作用，货币政策侧重于为市场主体提供机会公平和顺畅便捷的货币金融环境，使市场主体可以充分利用中国实体经济面临的有利因素。

第三，针对公共风险，财政金融不仅是一个政策取向问题，还是一个体制机制重塑问题。这离不开财政金融改革。需要增强危机意识，通过财政金融改革提高公共风险的宏观管理水平，针对实体经济发展的内在要求，梳理财政金融运行中与之不合宜的机制或制度安排，兴利除弊，加快推进现代财政制度和金融服务体系建设。

第四，财政与金融存在内在关联，无论是在调控政策层面，还是在体制机制改革方面，都需要加强协调与合作，形成合力促进实体经济发展。在外汇储备、国债发行、国库现金管理、政策性金融等领域建立共识，合理分工，建立有利于满足对外经贸往来和国内经济长期发展的制度安排。建立财政风险与金融风险相互转化的防火墙，打破风险“大锅饭”，做好风险化解预案，提高国家整体的风险处置能力，为经济结构调整提供相对稳定的宏观环境。

三、财政支持实体经济发展

财政作为国家治理的基础，在支持经济结构调整和创新驱动发展方面可以发挥作用，不仅通过改革，系统性重构财税体制机制为实体经济发展创造良好的环境，而且可以运用多种政策工具，有效支持经济社会发展的薄弱环节。针对“十三五”时期经济发展的总体要求，财政支持实体经济发展可以从化解风险和深化改革两个视角形成基本思路。

（一）控制财政风险

如前所述，在财政领域，地方政府性债务可持续性是未来几年影响实体经济运行的主要风险。一方面，地方政府性债务存量规模庞大、偿债高峰期相对集中；另一方面，随着经济增速的下滑，财政收入加速下滑，而社会性支出、经济性支出需求刚性快速增长，导致财政收支矛盾加大。过去几年财政收入几乎都维持了两位数的增速，而2016年上半年财政收入增幅低于经济增幅，在7%以下；支出增速达到两位数，可以预见，“十三五”时期财政减收增支的压力会进一步加大，这意味着政府性债务尤其是地方政府性债务的增长刚性仍很强。

针对存量债务风险，已经采取了强有力的一系列化解措施，主要有：一是规范和严格债务管理。中央351号文和43号文对地方政府性债务管理做出了新规，推行全口径预算管理，约束地方政府性债务的盲目扩张。二是实行债务分类，厘清地方债性质，明确企业与银行之间、财政与银行之间、中央与地方之间或者上下级各级政府之间的风险责任，避免风险“大锅饭”。三是提高预算体制灵活性，推广PPP模式，创新融资渠道。四是实行债务置换，以时间换空间。这些措施既包括缓解债务压力的短期措施，也有利于促进债务管理规范化的长期制度建设，在“十三五”期间需要继续实施和完善，但这些措施还不足以解决未来的财政减收增支的巨大压力，应对未来的财政风险，财政支持实体经济发展，还需要深化财政领域的各项改革。

（二）加快财税改革

1. 支出改革。

第一，在市场主体可参与的领域，转变财政投入的方式，包括科技、教育、农业等领域的财政支出改革。这方面需要考虑三个层次的问题：一是直接财政投入还是间接财政投入；二是消耗性财政投入还是循环性财政投入；三是全国性的财政投入还是散点式财政投入，中央干中央的，地方干地方的，还是建立一个蛛网式财政投入格局，来统筹全国在某一事项上的财政投入资金。相比而言，间接财政投入、循环性财政投入、蛛网式财政投入有利于吸引社会资金流向这些领域，更有利于节约财政资金，扩大财政支持范围和效率。

第二，在互联网经济的环境中，政府的财政投入固然重要，但比政府资金投入更重要的是信息。在信息化时代，信息是更重要的资源，财政在信息领域建设方面需要加大扶持力度，通过支持互联网 + 等新兴业态，降低经济运行成本，提高经济运行效率。

第三，建立透明规范高效的预算管理制度。完善政府预算体系，按照新预算法的理念，逐步归并政府性基金预算，或者按照一般公共预算的标准管理政府性基金预算；加快权责发生制政府综合财务报告制度；加强中期财政规划管理。

第四，退出企业可充分发挥作用的竞争性领域，加大向社会领域的投资，特别是人力资本积累和人力资源开发投资，提升人口质量。在人口数量红利日渐耗尽的情况下，人口质量红利的挖掘变得更加重要。教育、培训、公共卫生和医疗等领域，既要发挥市场、社会的潜力，更要发挥政府的引导作用。

2. 收入改革。

第一，创造条件，加快推进营改增。营改增既是对整个税制的完善，也是对企业减税的重要措施，“十三五”期间需要在全覆盖基础上进一步完善，按照低税率、宽税基和严征管的思路，形成真正中性的现代增值税制度。

第二，强化税收的激励约束功能。对于创新，要充分发挥税收的激励功能，运用税收政策支持产学研相结合、支持科技成果转化，以及吸引社会资金和资源流向科技创新和新兴产业领域。对负的外部性行为，要充分发挥税收的约束功能，如对资源消耗、污染排放，通过建立健全环境保护税、资源税、消费税和房产税等税种，引导生产和消费行为。

第三，落实税费征收法定原则，清理各地不规范的税费优惠措施，治理碎片化、不规范、不统一等问题，促进全国统一市场体系的完善和公平竞争，激发微观主体的活力和创新动力。

第四，优化政府债务结构。地方债这几年迅速扩大，在政府性债务中比重上升，而国债比重在下降，这种债务结构既不利于控制风险，也不利于债务资金的有效使用，适当降低地方政府债务比重，是防控债务风险的重要措施。另外，优化债务期限结构、品种结构、丰富债品，也是财政支持实体经济发展（优化政府投资，实施积极财政政策）以及与金融发展形成良性互动（包括利率市场化、央行资产负债结构调整、人民币国际化等方面）所需要的。

3. 财政体制改革。建立事权与支出责任相匹配的财政体制，是构建现代国家治理结构的重要切入点。财政治理是政府治理，也是国家治理改革的突破口，通过财政体制的系统性重构，形成国家治理与地方治理的分级治理体制，提高治理效率，又形成治理的长效机制。

四、金融支持实体经济发展

中国进入经济结构转型阶段，这需要新的社会资金配置格局，如高风险的创投、小微企业的融资、设备融资租赁等等，都需要新的资金配置方式。这显然不是传统金融所能够提供的，也不是货币信贷政策调控所能改变的。一方面，中国金融体系的风险在不断积聚；另一方面，实体经济企业融资难融资贵的局面难以解决。金融支持实体经济发展，需要从金融体系的顶层设计入手，加快改革金融管理体制和社会资金的配置格局，不断优化金融结构，加大直接融资的比重，降低商业银行信贷风险的积聚。

（一）改革金融监管体制

中国金融分业监管体制导致金融改革政策割裂，各项金融改革措施囿于各个监管当局自身利益，缺乏统筹规划和顶层设计，特别是在传统金融业态向新兴金融业态转换过程中，这种分业监管的僵化体制是难以胜任的。统一金融监管，以整个金融体系一盘棋来统筹考虑，才能提出和实施一体化的金融改革，真正提高融资效率，支持实体经济发展。

（二）逐步降低商业银行在社会资金配置中的比重，推行信贷资产证券化，遏制信贷风险积聚

中国商业银行降低不良资产的有效方式是不断扩大信贷规模基数，稀释不良贷款的比重，很多不良贷款也被商业银行以借新还旧的方式所掩盖，这使得商业银行贷款规模不断膨胀，但实际用于支持实体，特别是支持创新型企业发展的资金比重越来越低，在货币政策依靠商业银行来传导的情况下，商业银行行为的异化导致货币政策的低效甚至失效。一个有效的方式就是信贷资产证券化。通过证券化把商业银行部分信贷资产存量盘活，优化商业银行资产结构，也有利于支持实体经济的发展。

（三）构建多层次资本市场，实现资金供求双方的有效衔接

一是加快债券市场发展。中国资本市场中，股票市场的发展较为迅速，债券市场的发展相对缓慢，特别是企业债市场，企业直接发债融资的渠道不畅，只能通过商业银行信贷融资，融资成本提高，融资便利性也较差。在促进股票市场发展的同时，应更加注重债券市场特别是企业债市场的发展。

二是完善股票市场结构。中国已经建立了包括主板市场、中小板市场、创业板市场、“新三板”市场以及产权交易市场在内的多层次资本市场，但发展不平衡。应逐步构建新三板、创业板、主板多层次的资本市场金字塔结构；同时，简化公司上市的流程，从上市审批制度逐步转变为注册制，满足各类企业的股权融资需求。

（四）发展融资担保、融资租赁、小额信贷、互联网金融等各类金融中介，服务实体经济

发达经济体的金融体系包罗万象，企业可以获得各种金融机构的金融服务，满足不同层次、不同类型的资金需求。在严格的分业监管体系下，所有处于交叉领域或者是非传统领域的金融业务的发展都受到人为抑制。应通过改革金融监管体制，解除金融抑制，鼓励具有创新精神的各类非银行金融机构的发展，满足实体经济的发展需要。

中国需求结构变化及“十三五”需求走势

王志刚　邢荷生　李枢川

摘　要：

本研究主要分为四大部分。第一部分立足中国国情，从历史演变的纵向视角看待中国需求结构的历史变迁和现状，深刻系统归纳中国需求结构特征。第二部分选取部分典型国家进行跨国需求结构比较，从横向视角看待中国需求结构的国际地位。第三部分从标准的经济理论角度通过不同政策参数选取来模拟中国最优的消费投资比和最优居民消费率；同时建立多变量 VAR 模型对“十三五”的投资、消费、进出口进行阶段性预测。分析表明总体上看中国存在不合理的需求结构，存在扭曲的消费投资比，而且这种趋势尚未得到显著改善，未来要彻底扭转需要相当时间。为此，第四部分针对这些突出问题提出政策建议。

关键词：

经济增长　投资　消费　出口

一、从历史演变看中国需求结构变化

从新中国成立以来的需求结构上看，消费是波动最小的部分，投资在开放程度不高的时期波动最大，随着对世界市场开放程度的扩大，出口波动对经济的影响逐渐超过了投资。需求结构中最终消费的比重从 2000 年以后快速下降，同期年均增长速度落后于投资、净出口 6 个百分点。投资快速增长的现象在中西部和东北等欠发达地区尤为明显，东部发达地区则体现为投资储蓄缺口快速扩大导致净出口和经常账户余额的快速增长。2008 年金融危机后，投资和出口的增速开始减弱，消费增速在“十二五”以来开始超过经济增速，消费占 GDP 的比重开始上升。此外，就消费结构而言，政府消费性支出占比自 1981 年以来呈上升态势，至金融危机后基本保持稳定。城乡差距从 20 世纪 80 年代中期开始呈扩大态势，至“十二五”以后开始缩小。

（一）需求结构波动变化分析

分析表明，新中国成立以来需求结构中，投资波动最大，其次是净出口，政府消费次之，居民消费波动最小；改革开放以来三大需求的波动幅度都有所降低，投资波动下降最大，波动最大的变成了净出口，其次是投资，政府消费次之，居民消费波动最小。从相对波动幅度看，对经济波动影响最大的是投资波动，但是改革开放以来净出口的波动对经济波动影响更大，略高于投资波动；政府消费波动影响次之，居民消费波动影响最小。

基于真实经济周期（RBC）理论的分析方法，我们对 GDP、消费、投资、净出口进行 HP 滤波去掉趋势进行波动分析。如果就全部样本（1952—2013 年）而言，相对产出波动而言，投资波动最大，是产出波动的 2. 59 倍；净出口波动次之，为产出波动的 1. 77 倍；接次是政府消费，波动是产出波动的 1. 27 倍；居民消费波动最小，相当于产出波动的 69% 。如果看改革开放以来的情况，我们会发现几乎所有的宏观变量波动都有所下降，影响产出波动最大的是净出口，其波动幅度相当于产出波动的 2. 78 倍，其次为投资波动，为产出波动的 2. 14 倍；再次政府消费波动是产出波动的 1. 66 倍；居民消费波动为产出波动的 1. 04 倍。

协同性主要反映各类需求波动和产出波动的相关性，协同性表明了各类需求波动变化和经济波动的一致性程度，协同性强表示该需求波动和经济波动一致性很强；持久性是变量自身波动的序列相关性，表示该变量波动的记忆时间长度，持久性越强表明以前的波动会影响后期的波动，具有长记忆性。就协同性而言，新中国成立以来的全样本期间居民消费、投资与产出波动相关性最强，净出口则最弱；改革开放以后协同性均变弱，居民消费与产出波动相关性最强，政府消费次之，投资相关性变弱。就持久性而言，产出波动持久性最强；全样本期间净出口持久性最强，居民消费和政府消费最弱；改革开放后，政府消费持久性变强（见表1）。

表1　主要宏观变量的周期性表现

变量（1952—2013年）	标准偏差	相对偏差（relative standard deviation）	协同性（co - movement）	持久性（persistence）
产出	0.07	1.00	1.00	0.38
居民消费	0.05	0.69	0.88	0.30
政府消费	0.08	1.27	0.86	0.30
投资	0.17	2.59	0.88	0.36
净出口	0.12	1.77	0.60	0.37
变量（1952—1977年）	标准偏差	相对偏差	协同性	持久性
产出	0.09	1.00	1.00	0.37
居民消费	0.06	0.62	0.90	0.29
政府消费	0.11	1.20	0.90	0.25
投资	0.25	2.66	0.94	0.38
净出口	0.15	1.55	0.61	0.38
变量（1978—2013年）	标准偏差	相对偏差	协同性	持久性
产出	0.03	1.00	1.00	0.50
居民消费	0.03	1.04	0.88	0.31

续表

变量（1978—2013年）	标准偏差	相对偏差（relative standard deviation）	协同性（co - movement）	持久性（persistence）
政府消费	0.06	1.66	0.73	0.39
投资	0.07	2.14	0.50	0.24
净出口	0.09	2.78	0.68	0.26

注：所有变量均取对数然后经过HP滤波得到。标准偏差表示各个变量的波动程度。相对偏差是各自的标准偏差和产出标准偏差之比。协同性（co - movement）指的是变量与产出的相关系数，持久性则指的是各个变量与其自身一阶滞后变量的相关系数。

（二）需求拉动经济增长的变化分析

1978—2010年的33年间，投资和出口增长强劲，成为拉动经济增长的主要需求动力。1978至2010年，最终消费支出由2239亿元增加到194115亿元，年均增长14.9%；资本形成总额由1378亿元增加到193604亿元，年均增长16.7%；货物和服务出口由145.8亿元增加到118031.8亿元，年均增长23.3%。资本形成总额和出口增速分别快于最终消费增速1.8和8.4个百分点。如果从另外三个能够反映投资与消费水平的统计指标全社会固定资产投资、社会商品零售总额和外贸出口总额来看，增长速度差距则更为明显：1981—2010年，全社会固定资产投资从961亿元增加到278121.9亿元，年均增长21.6%；外贸出口从367.6亿元增加到107022.8亿元，年均增长21.6%；社会消费品零售总额从2350亿元增加到156998.4亿元，年均增速只有15.6%，比固定资产投资增速低6个百分点，比出口增速低6个百分点。这说明，投资和出口的快速发展推动了中国经济的高速增长，成为了经济增长的主要动力。

近年来，随着中国经济发展阶段以及国际经济形势的变化，投资和出口动力出现减弱。实际上2008年次贷危机后大规模的刺激政策带来的投资快速增长在2009年达到高点后就开始呈下降态势，进入“十二五”后这种趋势更明显。2011—2014年，全社会固定资产投资增速明显下降，分别为23.8%、20.3%、19.3%和15.3%，不但低于“十一五”时期25.5%的年均增速，而且呈逐年下降走势。2011—2013年，资本形成总额年均增长13.1%，比“十五”和“十一五”增速分别回落 4.3 和 6.9 个百分点，比最终消费增速低 1.5 个百分点，而“十五”和“十一五”期间资本形成总额增速均高于最终消费增速[①]。2011—2014 年，货物和服务净出口对经济增长的贡献率分别为 -4.2%、-2.1%、-4.4%、0.2%，连续三年为负，2014 年在多项政策促进下才略有回升。

投资、出口动力减弱，消费动力增强。随着居民收入水平的不断提高和经济结构的不断优化升级，消费对经济增长的拉动作用不断增强，尤其是进入“十二五”以来，消费增速开始超过经济增速。如表 2 所示，2001—2005 年，居民消费年均增速为 10.22%，比人均国内生产总值年均增速低 4.28 个百分点；2006—2010 年，居民消费年均增速 14.26%，与人均国内生产总值年均增速的差距缩小到 1.71 个百分点；2011—2013 年，居民消费年均增速为 12.07%，比国内生产总值年均增速高 0.65 个百分点。居民消费水平提高速度相对于国内生产总值增速，由落后到领先，说明消费对经济增长的促进作用逐渐增强，同时也表明民众从经济增长中获得更多的实惠。

表 2　改革开放以来居民消费支出与国内生产总值年均增速　单位：%

时间段	国内生产总值年均增速 (1)	居民消费年均增速 (2)	差额（%）(1) - (2)
1979—1985 年	-0.86	-0.85	0.01
1986—1990 年	16.49	15.55	-0.94
1991—1995 年	29.36	27.51	-1.84
1996—2000 年	7.42	7.80	0.38
2001—2005 年	14.50	10.22	-4.28
2006—2010 年	15.97	14.26	-1.71
2011—2013 年	11.41	12.07	0.65

注：上面增速都是现价计算的名义增速。

从三大需求对经济增长拉动的变化也可以看出（见表 3），从“十二五”开始，消费开始成为首要的经济增长拉动因素，投资保持稳定，出口拉动力

① 资本形成总额增速和最终消费增速均使用当年价格计算。

为负。

表 3　不同时期三大需求对经济增长的拉动均值　单位：%

时间段	最终消费支出经济增长拉动	资本形成总额对经济增长拉动	货物和服务净出口对经济增长拉动
1979—1985 年	9.05	6.05	-4.55
1986—1990 年	3.76	2.00	2.16
1991—1995 年	6.70	5.96	0.28
1996—2000 年	5.00	2.18	1.44
2001—2005 年	4.02	4.94	0.80
2006—2010 年	4.80	5.92	0.50
2011—2013 年	4.47	4.07	-0.27

（三）消费需求结构分析

从城乡收入对比看（见图 1、图 2），城乡居民收入继续增加而且后者在“十二五”以来增长更快，这使得城乡居民收入差距在减少，同时也促使城乡居民消费差距缩小。2014 年按常住地分，城镇居民人均可支配收入 28844 元，比上年增长 9.0%，扣除价格因素，实际增长 6.8%；农村居民人均可支配收入 10489 元，比上年增长 11.2%，扣除价格因素，实际增长 9.2%。全年农村居民人均纯收入为 9892 元。全国居民人均消费支出 14491 元，比上年增长 9.6%，扣除价格因素，实际增长 7.5%。按常住地分，城镇居民人均消费支出 19968 元，增长 8.0%，扣除价格因素，实际增长 5.8%；农村居民人均消费支出 8383 元，增长 12.0%，扣除价格因素，实际增长 10.0%（见图 3）。

从最终消费构成看，居民消费支出是主要部分，从 1978—2013 年平均而言居民消费支出占比为 75.74%，政府消费支出占比呈上升态势，“十二五”居民消费占比略有回升（见图 4）。

具体每年各类消费的结构，统计局的数据并不全。从可得的年度和月度数据对比来看，餐饮一直是消费的一个重要方面，2010 年占社会消费品零售总额的 12.8%，之后几年一直持续下降，到 2013 年只有 12.1%。2014 年用月度数据估

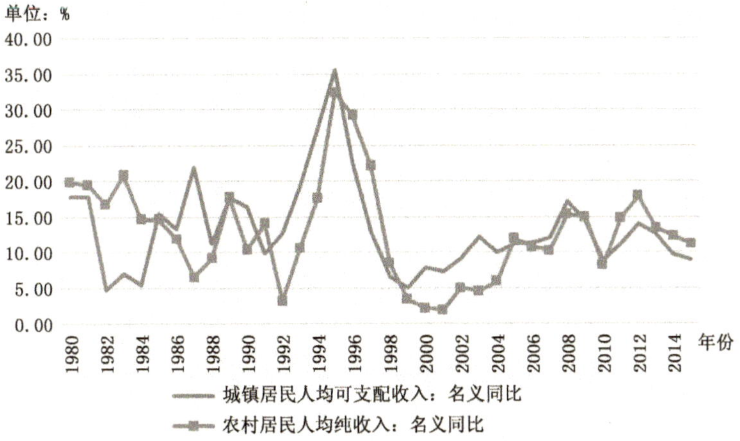

图1　城镇居民人均可支配收入、农村居民人均纯收入名义同比增速

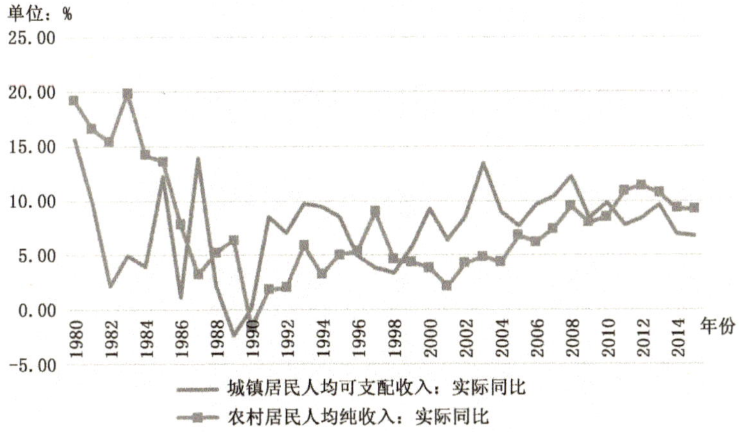

图2　城镇居民人均可支配收入、农村居民人均纯收入实际同比增速

算，这一比重下降到了10.6%。除此之外，商品零售中只公布了各分项限额以上单位[①]的零售额，而限额以上单位占全部商品零售额的比重到2013年才上升到53%，因此只能做一粗略的估计。从限额以上单位零售情况看，粮油、服装

① 首先，限额以上与限额以下的社会消费品零售额汇总，形成了社会消费品零售总额。然后，限额以上和限额以内是指根据国家对批发、零售、住宿和餐饮业已建立的统计制度和按销售额和从业人数形成的标准来区分，符合条件的批零贸易餐饮企业必须按规定，定期向当地统计部门报送有关企业生产经营情况统计报表。统计部门将其加工整理后，按标准规定形成“限额以内和限额以上社会消费品零售额”的有关统计数据。

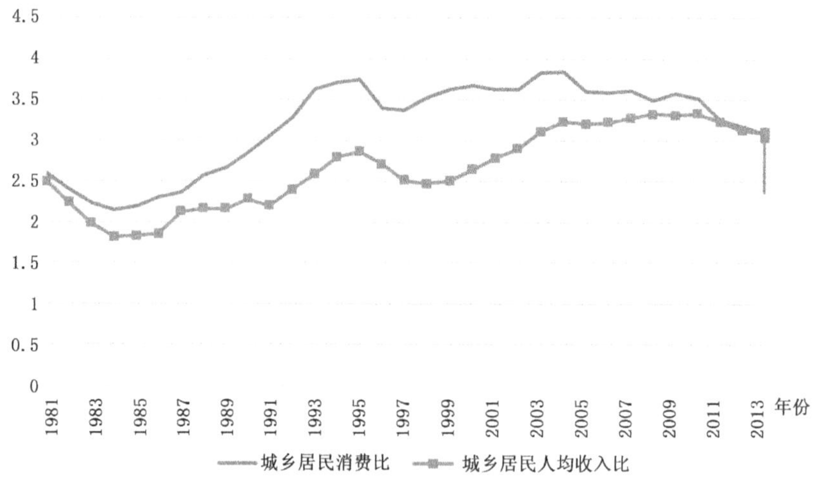

图 3　城乡居民人均收入、消费水平比（农村居民消费水平 =1）：1978—2014 年

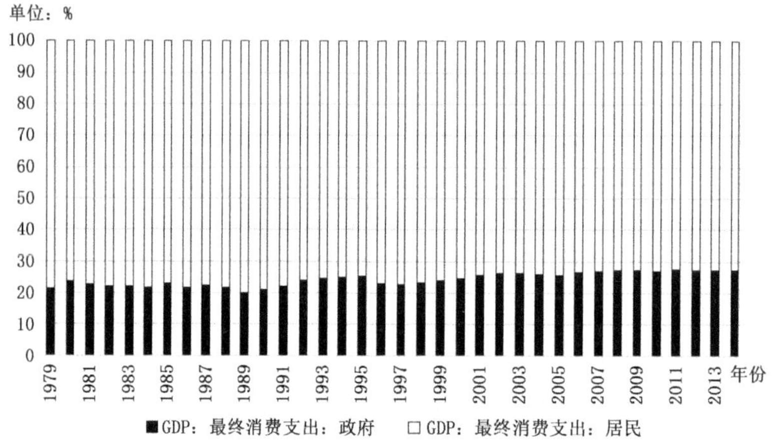

图 4　最终消费构成

纺织品、石油制品和汽车类商品是主要消费品种，2014 年这四类占限额以上单位零售总额的比重超过 65%。粮油和服装占比分别从 2001 年的 20.3%、15.8% 下降到 2010 年的 12.6%、10.1%，之后都有所回升，2014 年两者分别为 13.7% 和 10.1%。石油制品一直保持在 10% 以上，到 2008 年达到最高的 21.3%，之后回落到 2014 年的 16.0%。汽车消费在 2001 年仅占 7.6%，之后快速增长，2010 年达到 28.7%，2014 年为 26.7%。其他门类中，家电在 2001 年尚占有 10.7% 的比重，但近年来已经萎缩到 5% 左右。其他类别的零售额所占比重并不大（见

图5）。

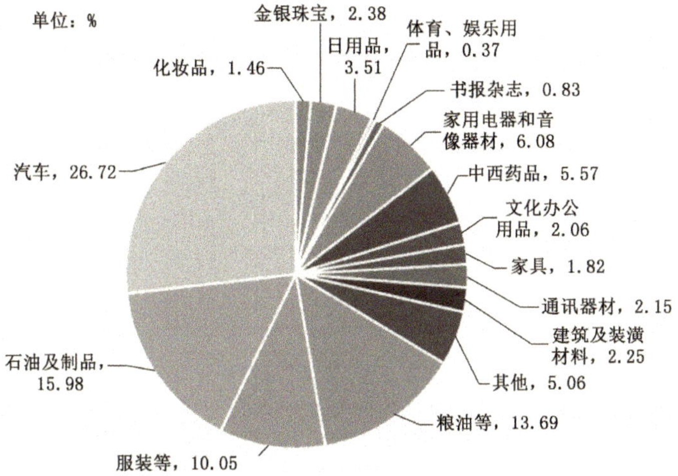

图5　2014年限额以上消费品零售总额占比

（四）消费率投资率变化分析

从全国的情况看，2000年以前，消费在GDP中的比重一度上升，但2000年以后出现了快速的下降，直到金融危机后才有所恢复。分地区看，三个地区投资率和最终消费率变化趋势和全国趋势一样，平均而言东部地区投资率要低于中西部和东北地区，东部地区的消费率和投资率最为接近，东北地区投资率上升最快，东部地区消费率下降最平缓。

分地区来看，东部地区在2000年以后消费占比曾经提高，同时期投资占比下降，但这个趋势在2003年左右发生逆转，2005年开始，随着净出口占GDP的比例连续上升，消费和投资都出现一定程度的下降。2008年经济危机后，贸易盈余大幅收窄，同时以投资为主的稳增长政策生效，投资在GDP中的比重再次上升。

中部地区投资占GDP的比例从2003年开始快速上升，西部和东北地区都是从2000年开始这一进程。目前中、西、东北地区投资占GDP的比重都超过了60%，对投资依赖程度很高（见图6）。

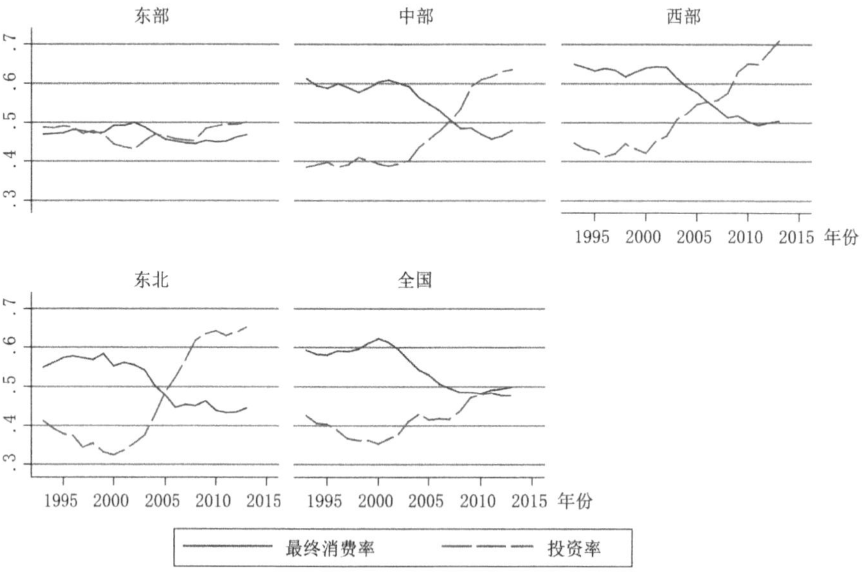

图 6　不同地区最终消费率、投资率

（五）从投资—储蓄恒等式看贸易顺差变化

中国的投资—储蓄关系决定了当前仍然是顺差国，但是这种结构关系在开始变化，两者差额减少将影响到未来的贸易顺差额持续减少。贸易顺差主要来自于商品贸易顺差，服务贸易逆差持续扩大，商品顺差持续缩小。贸易方式仍然以加工贸易为主，加工贸易顺差保持高位但增长放缓，而一般贸易顺差大幅增加标志着贸易方式不断优化。分地区看，东部顺差最多，西部逆差最多，中部和东北地区历史上曾经是顺差但在金融危机后开始减少直到出现逆差。

根据国民收入核算等式，从最终销售或支出法角度看，GDP = C + I + G + (X - M)，其中 C、I、G、X、M 分别代表最终消费、投资、政府支出、出口、进口。变换等式：GDP - C - G = I + （X - M），净出口（X - M）等于外国投资。考虑收入法核算后，政府收税同时对居民进行转移支付，左边为国民储蓄 = GDP - C - G = （GDP + Transfer - Tax - C） + （Tax - G - Transfer），Tax 为政府税收收入，Transfer 为政府对居民的转移支付，第一项（GDP + Transfer - Tax - C）为居民储蓄（或私人储蓄），第二项（Tax - G - Transfer）为政府储蓄（或公共储蓄）。右边为国民总投资 = 国内投资 + 外国投资，外国投资是本国国民对外的投资。投资—储蓄恒等式意味着：总储蓄 = 私人储蓄 + 公共储蓄 = 国内投资 + 外国投资 = 总投资，总国民储蓄为国内投资和外国投资提供资金，当国民储蓄大于国内投资时，就需要对外投资来进行平衡，反之则需要外部对本国的投资。

无论是私人储蓄或是公共储蓄变化都会导致总储蓄变化，例如，如果出现减税或预算赤字，那么公共储蓄就会减少；如果居民消费大于收入那么私人储蓄会减少，或是对未来收入预期不佳，社会保障体系不健全等因素往往会增加居民储蓄。还有所谓的“李嘉图等价”，就是居民预期到在政府支出不变的情况下，增加税收或发行债券本质上是一样的，因为政府存在着跨期预算平衡，因此发债无非是延迟的税收。以美国为例，美国存在着政府赤字和居民过度消费导致美国的储蓄小于投资，（X－M）就是储蓄缺口（总储蓄－国内投资）为负，需要外国人的外部资金流入来对国际收支账户进行平衡，经常账户为赤字而资本账户为盈余。

从实际数据出发，我们发现中国当前的国内储蓄率仍然高于投资率（见图7），这意味着未来的贸易收支顺差仍将持续一段时间，同时未来随着中国人口结构变化、社会保障体系完善等因素会使得储蓄率从“十二五”开始呈现下降态势，而投资率依然高企，“十三五”或出现贸易收支逆差局面。

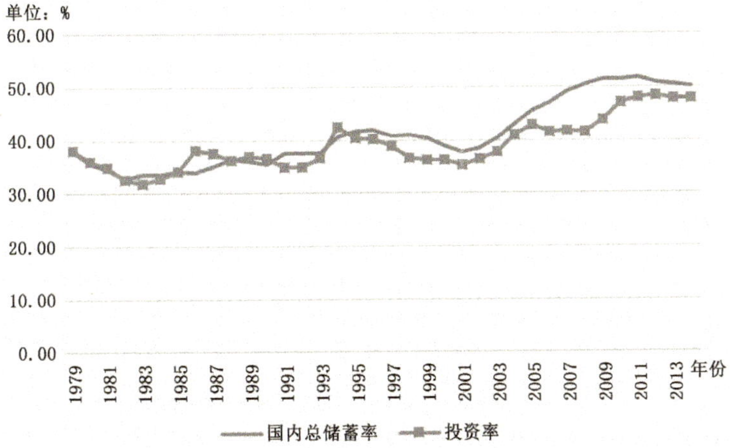

图7　国内总储蓄率和投资率[①]

① 投资率用资本形成额除以支出法的GDP，国内总储蓄率 = 1 - 最终消费率，最终消费率用最终消费支出除以GDP（支出法）而得。

加入世贸组织以来，中国积极参与经济全球化进程，抓住国际产业转移的历史性机遇，对外贸易取得了高速发展。2001 年中国进出口总值为 5097 亿美元（4.2 万亿元人民币）①，2004 年首次突破 1 万亿美元（9.5 万亿元人民币），2007 年突破 2 万亿美元大关（17.7 万亿元人民币），2014 年达到 26.4 万亿元人民币②，是 2001 年的 6 倍多。2001—2014 年，中国进口总值以年均 15.2% 的速度增长，出口总值以年均 14.7% 的速度高速增长，净出口总值则以年均 21.5% 的速度增长。加入 WTO 以来，中国对外贸易增速显著高于 GDP 增速。这一时期，中国从小额逆差转变为巨额顺差，从外汇极度短缺发展成为外汇储备全球第一。1950—1977 年，由于各年的进出口规模较小，各年的贸易差额也较小，其中新中国成立的头六年全部为逆差，平均每年逆差约 8.5 亿美元，其后年份为小额顺差或逆差。1978 年以来，随着进出口规模迅速扩大和出口竞争力显著增强，相应的顺差大幅增加，1995 年中国贸易顺差首次突破百亿美元大关。加入 WTO 以来，中国贸易顺差更是加速增长。2005 年一举突破 1000 亿美元，2007 年突破 2000 亿美元，2008 年接近 3000 亿美元（见图 8、图 9）。

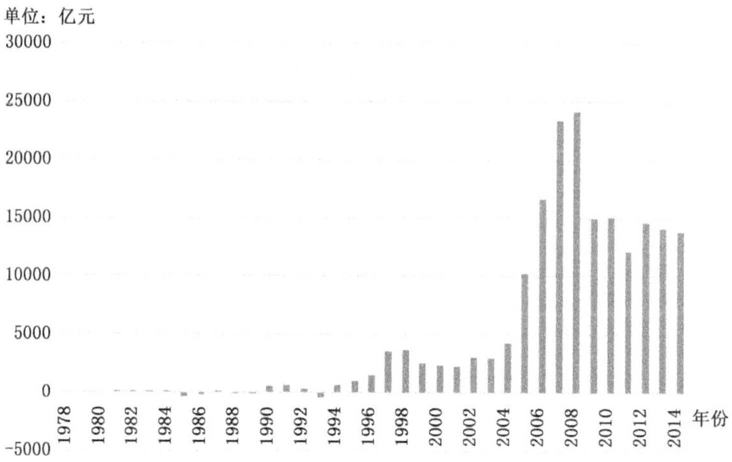

图 8　货物和服务净出口差额：1978—2014 年

---

① 本报告引用数据，除非特别说明，都来自国家统计局网站。为了进行对比，同时列出以美元和人民币计价的数据。

② 国家统计局没有公布以美元计价数据，以 2014 年人民币对美元平均汇率 6.1428 计算，以美元计价 2014 年进出口总额应为 4.3 万亿美元。

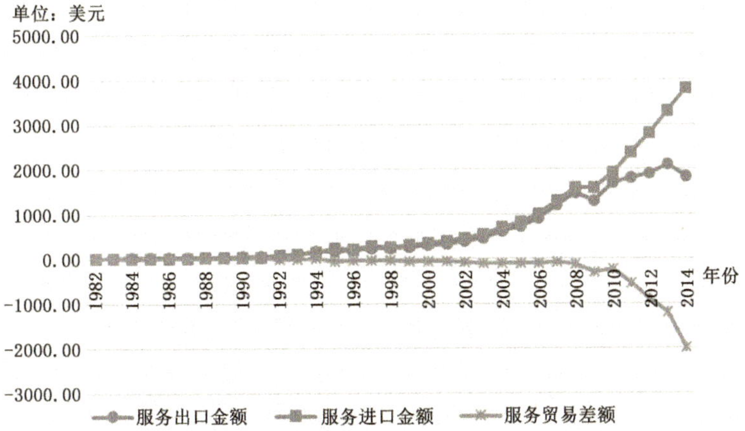

图 9　服务贸易进出口及差额：1982—2014 年

货物贸易的大额顺差导致国际收支经常项目出现了长期顺差状态，外汇储备大幅增长，2001 年仅为 2000 亿美元，而 2006 年、2009 年、2011 年分别突破 1 万亿美元、2 万亿美元、3 万亿美元大关，2014 年末外汇储备达到了 3.84 万亿美元，2008 年末至今一直是全球外汇储备第一大国。同时我们看到虽然加入 WTO 以来，中国经常账户一直保持巨额的顺差，但是这主要是货物贸易顺差引起的，中国服务贸易一直处于逆差的态势。2009 年以前，中国服务贸易虽然是逆差，但是态势比较平稳，而从 2009 年以来，中国服务贸易逆差迅速增长，目前已经超过 1000 亿美元。2014 年，中国外贸进出口总额同比增长 3.4%，没有达到预期 7.5% 的增长目标，其中出口增速快于进口，贸易顺差达 3824.6 亿美元，创历史新高。2014 年，作为全面深化改革的破局之年，“新常态”经济的提出也使得 2014 年在承接“十二五”和“十三五”两个重要时期具有重要意义。因此，需要对这一年度的进出口贸易情况进行更为细致的分析，也期望得到“十三五”时期中国进出口方面的一些特征。从贸易方式看，2014 年一般贸易比重继续上升。2014 年一般贸易进出口 23132 亿美元，同比增长 5.3%，占进出口总额的 53.8%，比重同比提高 1 个百分点，其中一般贸易出口增长 10.7%，是拉动进出口增长的重要因素。一般贸易项下产生顺差 941.7 亿美元，同比增加 1163.3 亿美元。2014 年加工贸易进出口 14087.4 亿美元，增长 3.8%，比重微升 0.1 个百分点；其中，来料加工贸易和进料加工贸易分别占加工贸易总额的 13.4% 和 86.6%，结构基本稳定。加工贸易项下产生顺差 3599.8 亿美元，增长

1.1%。加工贸易顺差保持高位，一般贸易顺差大幅增加，导致2014年顺差创历史新高。从商品结构看，劳动密集型产品出口稳定增长，消费类商品进口保持较快增长，大宗商品进口量增价跌。2014年中国机电产品和高新技术产品进出口增速放缓，分别增长2.8%和下降0.5%。机电产品继续保持中国进出口商品的第一大类，同时也保证中国连续4年成为世界第一大机电商品出口国；劳动密集型产品出口保持稳定增长，劳动密集型产品合计出口4850.5亿美元，占同期出口总额的20.7%，同比增长5%；焦炭、钢材、化肥等部分“两高一资”产品出口反弹。这既与中国根据世贸组织（WTO）裁决结果、取消部分产品出口关税等限制措施有关，也反映在国内产能过剩的情况下转向国际市场，创造出口盈利的结构性调整取得了一定的进展。消费类商品的进口继续保持较快增势。另外，受国际市场价格变化影响，铁矿石、原油等大宗初级产品进口普遍量增价跌，有利于中国节约进口用汇、降低生产建设成本。粗略测算，在铁矿石和石油的进口上，分别节约了272亿美元和121亿美元。

分地区看，1993年到2013年，净出口占GDP平均比例最高的是东部地区（3.7%）且高于全国平均（3.4%），东北地区为顺差但比例不高（0.7%）；西部为逆差平均比例为16.8%，中部为逆差平均比例为（2.3%）。总的来说，东部地区是主要的顺差供应地区，西部持续贡献逆差。东北和中部地区在金融危机前都贡献过顺差，尤其是东北，在2000年左右顺差占比达到顶峰，但其后两个地区的顺差一路下滑，金融危机后也变成了逆差贡献地区（见图10）。

（六）投资结构分析

从投资结构看，城镇投资比例最高，内资投资比例最高。自筹资金来源最高分地区看，东北地区的城镇化投资占比最高，所有地区的城镇化投资比例在2010年后都有大幅提高。东北和中部自筹资金平均比例高于全国平均，东部和西部则低于全国平均。西部和中部内资企业投资比例均高于全国平均，东部则低于全国平均。中部地区私营企业投资比例高于全国平均，其他地区低于全国平均，而且变化不大。

从城乡看，城镇部门在固定资产投资中所占的比重逐年上升，从不到80%上升到2009年的86%，在2010年更跃升到96%。分地区的固定资产投资数据在国家统计局网站只能查到2003年，但全国范围内总体趋势是一致的。2010年

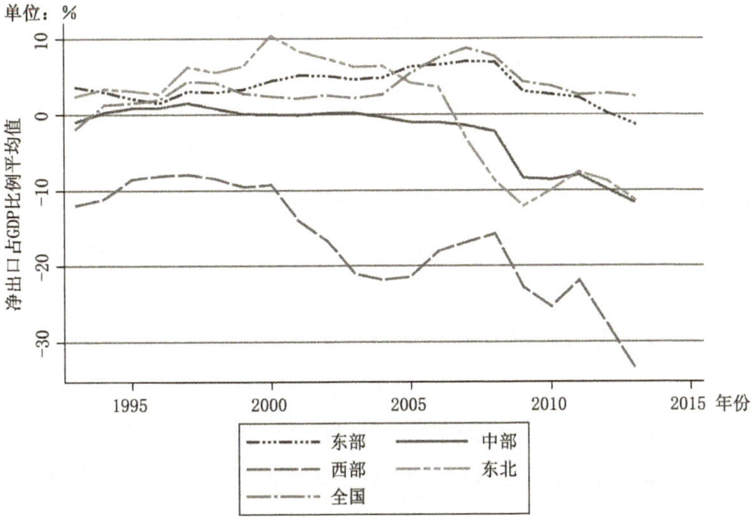

图 10　不同地区净出口占 GDP 平均比例变化

前城镇占比逐渐上升，而 2010 年后出现一次大的跳跃，占比均超过 95%。东北地区的占比相对更高，在 2008 年就已经超过 90%，东北城镇投资比例最高平均为 92.3%，其次是西部平均为 91.7%，然后是中部平均为 88.9%，均高于全国 88.7% 的平均比例。此外，随着国家城镇化进程的加快，所有地区在 2010 年以后都有大的上升，之后就平稳变化（见图 11）。

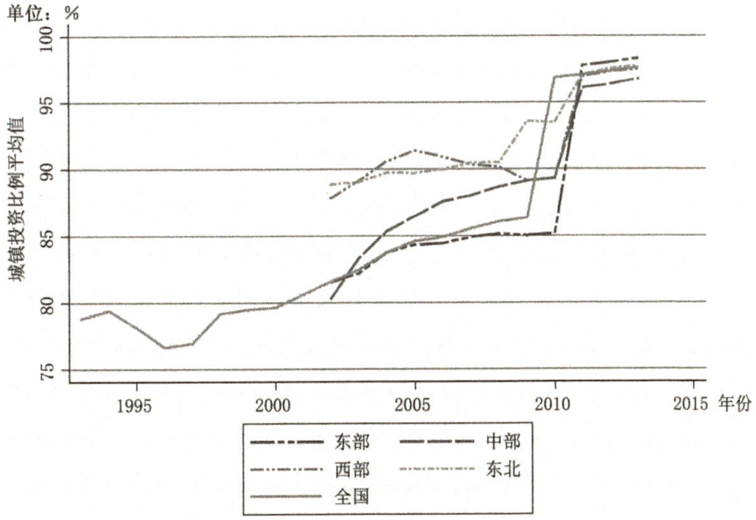

图 11　分地区城镇投资比例均值变化

从固定资产投资资金来源看，自筹是最主要来源而且呈上升态势。东北、中部地区自筹资金比例分别为73.1%、66.0%均高于全国平均比例（61.7%），东部、西部自筹资金比例分别为55.1%、54.1%均值均低于全国平均（见图12）。

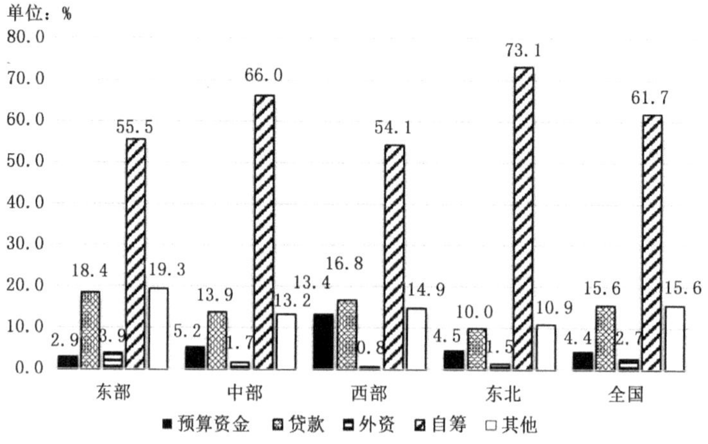

图12　分地区投资资金来源均值变化：2003—2013年

从登记类型看，内资企业投资比例占主导地位，2006—2013年平均为94.0%，其他主要所有制类型占比从高到低依次是国有（28.4%）、有限责任（25.8%）、私营（22.2%）。港澳台和外资分别占比3.4%、3.9%。分地区的情形基本一致，西部地区的内资投资最大为97.5%，然后是中部（95.7%）、东北（94.5%）均高于全国平均值（94%），东部（88.4%）为低于全国平均值。国有企业中，西部比例最高均值为42.7%、中部和东北均值与全国均值一样为28.4%，东部均值为24.8%低于全国均值。私营企业中，中部比例最高为22.6%高于全国均值22.2%，东北（21.9%）、东部（19.6%）、西部（14.1%）则低于全国均值。动态看，这些比例波动变化都不是很大（见表4、图13）。

表4　　分地区所有制企业投资　　单位：%

	东部	中部	西部	东北	全国
内资	88.4	95.7	97.5	94.5	94.0
国有	24.8	28.4	42.7	28.4	28.4

续表

	东部	中部	西部	东北	全国
集体	3.8	2.9	1.3	1.4	3.4
股份合作	0.4	0.9	0.4	0.4	0.6
联营	0.4	0.5	0.3	0.2	0.4
有限责任	28.7	23.8	24.8	28.1	25.8
股份有限	5.8	7.5	6.9	7.5	6.4
私营	19.6	22.6	14.1	21.9	22.2
个体	2.7	5.2	4.4	4.4	3.8
港澳台	5.3	2.2	1.2	2.3	3.4
外资	6.3	2.0	1.3	3.2	3.9
其他	2.2	3.9	2.4	2.3	3.0

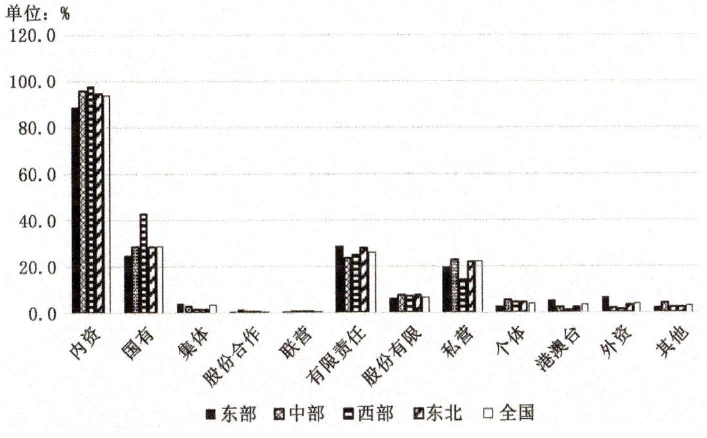

图 13 分地区不同所有制类型企业投资占比均值：（2006—2013 年）

二、国际比较视角下的投资、消费、净出口

中国的投资、消费、出口在国际上到底处于何种地位？相对于不同收入发展

阶段的国家而言，中国的投资率、消费率、出口依存度究竟是高还是低？对这些问题需要进行一定的国际横向比较，方能把握好我们未来需求结构的调整方向。分析表明：自改革开放以来中国经济部门一直有以下显著的特点。一是高投资率。2000 年时投资率高出世界平均值近 11 个百分点，2012 年这一数字甚至扩大到 26 个百分点。二是高居民储蓄率。2000 年时居民储蓄率高出世界 13 个百分点，2012 年扩大到 28 个百分点。三是低居民消费率。与高储蓄相对应，中国居民消费率远低于世界平均水平，2000 年低 13 个百分点，到 2012 年进一步扩大到 25 个百分点。政府部门的消费率则基本与世界平均水平齐平。从生产要素的角度看，中国经济同样具有三个特征。一是低劳均资本。虽然投资率保持较高水平，但高劳动人口基数和低投资转化率决定了中国的劳均资本存量仍然不高。二是高资本产出比。尽管初始很低，但上升速度很快，目前已经超过德国、美国等国，资本投入效率问题值得关注。

（一）高投资率

作为后发国家，中国自改革开放以来，随着市场经济体制的不断完善，投资活力不断释放，投资成为拉动中国经济增长的主导因素，是一个典型的高投资率经济体。从图 14 中不难看出，中国的高投资率非常明显，2000 年投资率为 35%，高于世界平均值近 11 个百分点，高于中等收入国家 10 个百分点。2012 年中国的投资率保持了快速上升态势，达到了 49%，比世界平均高出 26 个百分点，比中等收入国家高出 18 个百分点。

（二）高居民储蓄率

从居民储蓄率看，中国属于典型的高储蓄率国家，造成这种高储蓄率的原因有很多：中国节俭储蓄的传统文化因素，社会保障体系功能不完备以及保险市场不完善造成的居民储蓄以防范未来的各类不确定性，再就是人口红利期带来的劳动收入比例较高，这些都有利于储蓄率增加。从图 15 可以看出，2000 年中国居民储蓄率为 37%，高于世界平均值 13 个百分点，高于中等收入国家平均值 11 个百分点，在世界范围内是最高的；2012 年依然如此，居民储蓄率保持上升态势达到了 51%，高于世界平均值 28 个百分点，高于中等收入国家平均值 20 个百分点。

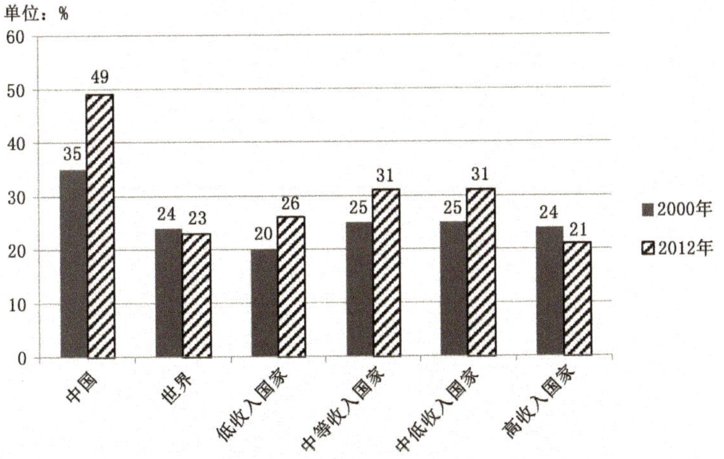

图 14　不同收入国家的投资率比较：2000 年和 2012 年

数据来源：世界银行 WDI 指标（2014 年版）。

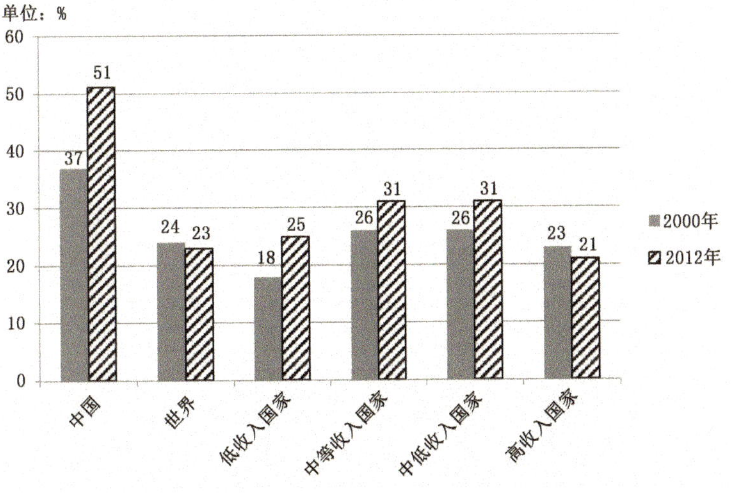

图 15　不同收入国家的居民储蓄率比较：2000 年和 2012 年

数据来源：世界银行 WDI 指标（2014 年版）。

（三）低居民消费率

和高居民储蓄率相对应的就是低居民消费率，造成低消费率的根本因素还是居民收入不高，收入分配体系不够完善；现有的生产供给结构失衡，一方面是产能过剩，另一方面是有效供给不足，一些消费只能到国外进行；国内消费生态建设不足，产品质量、消费者维权、企业征信等问题制约了消费扩大。从图 16 可知，2000 年中国居民消费率为 47%，低于世界平均值 13 个百分点，低于中等收入国家平均值 12 个百分点；2012 年进一步下降到 35%，低于世界平均值 25 个百分点，低于中等收入国家平均值 20 个百分点。

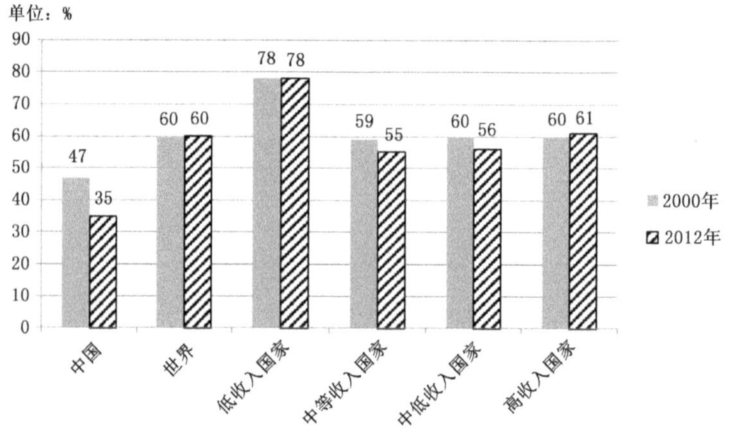

图 16　不同收入国家的居民消费率比较：2000 年和 2012 年

数据来源：世界银行 WDI 指标（2014 年版）。

（四）政府消费率中等

根据统计部门定义，政府消费是指政府部门为全社会提供公共服务的消费支出和免费或以较低价格向住户提供的货物和服务的净支出。在实际中往往是指各类社会福利支出、基础教育、基本医疗卫生等支出，这是政府所应当扮演的重要角色。中国的政府消费率并不高，从图 17 可以看出：2000 年中国政府消费率为 16%，等于世界平均水平，高于中等收入国家对应水平约 2 个百分点；2012 年中国政府消费率下降到 14%，低于世界平均水平 4 个百分点，等于中等收入国家平均值。

（五）低劳均资本、低劳均投资、高资本产出比

我们对佩恩表中包括美国、英国、日本、德国、巴西、印度、南非、中国在内的部分典型国家测算劳均资本、劳均投资、资本产出比发现，中国属于低劳均

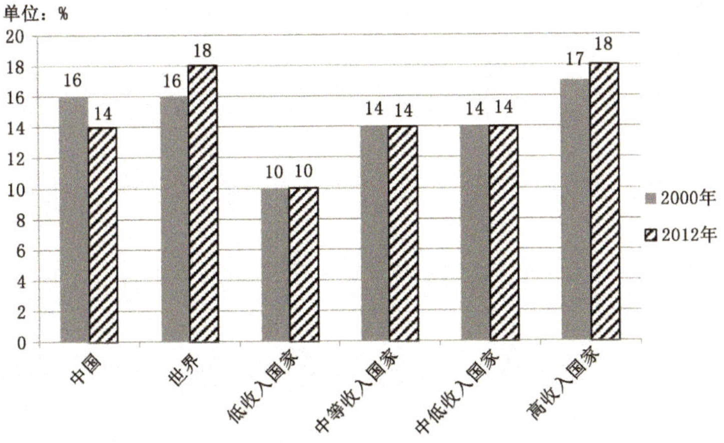

图 17　不同收入国家的政府消费率比较：2000 年和 2012 年

数据来源：世界银行 WDI 指标（2014 年版）。

资本、低劳均投资、低资本产出比的国家，因此保持适度规模投资或提高投资质量和投资资本转化率很重要。尽管中国的资本产出比初始水平很低，但是增长速度快，1998 年亚洲金融危机后已经开始超过美国。资本产出比过高代表着资本使用效率低下，所以我们需要对资本效率高度重视（见表 5、图 18）。

表 5　部分国家劳均指标对比　　单位：美元

	劳均资本存量	劳均投资	资本产出比
巴西	28611.83	2062.42	2.56
中国	10470.65	1281.56	1.90
德国	162025.90	11432.03	3.25
印度	7957.31	872.86	1.96
日本	113983.90	9971.21	2.92
南非	40432.00	4990.13	1.95
英国	98977.59	7432.81	2.53
美国	167483.20	12470.39	2.75

注：数据来自 PWT8.0（2013）。

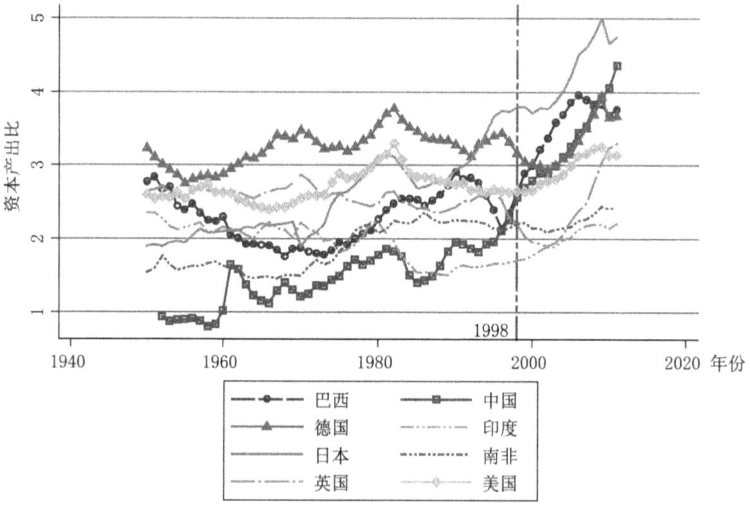

图 18　部分典型国家资本产出比

（六）净出口占 GDP 比例高

1990 年以前，中国基本上是一个贸易逆差国。从 1990 年后，贸易基本上保持顺差，且到 2007 年为止占 GDP 的比重整体上呈扩大态势，2008 年以后从最高的 8.81% 逐渐回落到 3% 以内的合理区间。在世界范围内进行横向比较，中国的顺差规模是相对较大的。全球各国的净出口比重算数平均数为负，中国所属的中高收入国家整体上也是负值，OECD 国家的净出口比重与中国相差不多，但在 2011 年以前一直低于中国。美国对外贸易持续赤字，日本和德国在 2004 年以前与中国相仿，之后走势出现分化，日本一路下滑进入赤字区间，而德国仍然维持上升的态势，即使在 2008 年后中国净出口占比大幅回落的情况下，仍然维持在 5% 左右的高位，没有出现趋势性的下降（见图 19）。

三、需求结构合理性评估与“十三五”需求结构预测

需求结构变化是发展中国家经济发展的中心，也是解释经济增长和发展模式的根本要素，需求结构失衡将会对经济长期持续均衡增长产生不利影响（钱纳

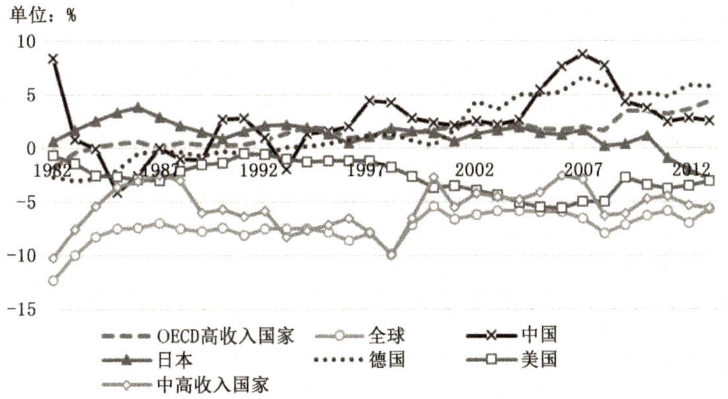

图 19　部分国家净出口占 GDP 比例：1982—2013 年

里，1975）。按照发展经济学家钱纳里归纳的“钱纳里标准模式”，工业化初期的消费率和投资率分别为 85%、15%，工业化中后期的消费率和投资率分别为 80%、20%，工业化后期的消费率和投资率分比为 77%、23%。前面第一部分的分析表明中国发展模式明显有别于这一标准模式，高投资、高净出口、低消费率是中国需求结构的显著特征，过度投资会导致“动态无效率”，同时也压低了未来中国的能源资源空间造成长期发展的不可持续。

本文分别在 RCK（Ramsey - Cass - Koopman）模型和 Sorensen 新古典增长模型（2010）的框架下估算了封闭经济和开放经济假设下中国的最优消费投资比和最优投资率。中国的消费投资比率远低于封闭经济下的最优值，且缺口有不断扩大的趋势。2008 年以后，中国的投资水平已经超过开放经济假设下的最优投资率水平。当然，我们这里要强调的是这种理论估算只能是一种参考值。

此外，使用 VAR 模型对未来 5 年的经济结构进行预测，预测结果显示，“十三五”投资率仍有可能进一步上升，经济结构转型的任务十分艰巨。

（一）需求结构的理论分析模型

基于 RCK（Ramsey - Cass - Koopman）模型，我们试图分析下最优的需求结构理论值，然后进行参数校准，并就中国现实与其进行对照分析给出相应的政策判断。

家庭的效用函数采用相对风险厌恶不变系数（CRRA）形式，假定经济中家庭户数量为 H，每个家庭人口数量为 1，即每一个家庭提供一个标准单位劳动，家庭出示拥有的资本禀赋为 $K(0)/H$，家庭为企业提供资本和劳动。

$$U = \int_0^{\infty} e^{-\rho t} \frac{C_t^{1-\sigma}}{1-\sigma} \frac{L_t}{H} dt, \sigma \geqslant 0$$

其中：U 为代表性家庭效用水平，t 为代表性家庭中消费者年龄，C_t 为第 t 期的消费，ρ 为主观时间贴现率，σ 为相对风险厌恶系数，L_t 第 t 期总的劳动人口。

企业生产函数采用柯布—道格拉斯形式：

$Y = F(K, AL) = K^{\alpha}(AL)^{1-\alpha}$，其中，$K$ 表示资本，L 表示劳动，A 表示知识或劳动的有效性。α 表示资本的产出弹性。生产函数具有标准的特征：规模报酬不变，资本和劳动两种要素可以相互替代，生产函数具有连续的一阶和二阶导数，各要素边际产出大于 0，边际收益递减，生产函数满足稻田条件即：$\lim\limits_{t \to +\infty} f'(K_t) = 0$。

资本积累方程：

$$\dot{K}_t = Y_t - C_t - \delta K_t$$

假定资本折旧率不变为 δ，给定劳动和知识的初始水平，假设劳动和知识的增长率分别为 n, g。

定义单位有效劳动产出为：$y = \frac{Y}{AL}$，单位有效劳动的资本量为 $k = \frac{K}{AL}, c = \frac{C}{L}$

生产函数变换为：$y = \frac{Y}{AL} = k^{\alpha}$。根据模型求解资本积累的欧拉方程：

$$\dot{k}_t = f(k_t) - c_t - (n + g + \delta)k_t = Sf(k_t) - (n + g + \delta)k_t$$

通过求解中央计划者效用最大化问题，可以得到消费动态方程：

$$\frac{\dot{c}_t}{c_t} = \frac{1}{\sigma}(f'(k_t) - (n + g + \delta) - \rho + (1 - \sigma)g)$$

在均衡状态（steady - state）中消费增长率和资本增长率均为零，人均消费和人均收入、人均资本增长率为 g①。

得到均衡的资本存量为：

$$k^* = \left(\frac{\alpha}{\rho + n + \delta + \sigma g}\right)^{\frac{1}{1-\alpha}}$$

---

① 平衡增长路径（BGP）中产出增长率、资本 - 劳动比例、资本 - 产出份额均为不变常数。

均衡有效人均资本存量是资本产出弹性 α 的增函数，是消费者耐心程度 ρ、人口增长率 n、资本折旧率 δ、技术进步率 g、相对风险厌恶程度 σ 的减函数。

假设产出在最终消费和储蓄间进行分配，而且储蓄等于投资，根据上面的模型我们可以求出最优的消费投资比：

$$CI^* = \frac{\rho + \sigma g + n + \delta - \alpha(n + g + \delta)}{\alpha(n + g + \delta)}$$

根据这一理论最优值，我们可以设定不同的参数来模拟最优的消费投资比，用实际值和最优值的偏离程度代表需求结构的失衡程度（CIB）：

$$CIB = \frac{CI_t - CI^*}{CI^*} \times 100\%$$

该指标为零表示经济体沿着均衡增长路径运行需求结构最优，不为零表示偏离均衡增长路径。

如果用实际值偏离最优值的平方和开方可以近似表示某一时期的需求结构合理程度的阶段性指标，$CIB_{sd} = \sqrt{\frac{1}{t}\sum_1^t (CI_i - CI^*)}$，该指标值越小表示需求结构合理化程度越高，对不同经济体而言该值越小表明需求结构合理化程度高。

（二）最优消费投资比和现实偏离度分析

参数校准（calibration）可以参考国内已有的代表性研究文献（见表 6）和先行法律法规。例如《企业所得税法实施条例》第六十条规定：除国务院财政、税务主管部门另有规定外，固定资产计算折旧的最低年限如下：房屋、建筑物，为 20 年；飞机、火车、轮船、机器、机械和其他生产设备，为 10 年；与生产经营活动有关的器具、工具、家具等，为 5 年；飞机、火车、轮船以外的运输工具，为 4 年；电子设备，为 3 年。2014 年国务院常务会议明确加速折旧的政策，指出对所有行业企业 2014 年 1 月 1 日后新购进用于研发的仪器、设备，单位价值不超过 100 万元的，允许一次性计入当期成本费用在税前扣除；超过 100 万元的，可按 60% 比例缩短折旧年限，或采取双倍余额递减等方法加速折旧。大多数人研究制定得折旧率在 0.07—0.12 间，对于折旧政策考虑不足，因此我们在通常的 0.1 基础上提高 5% 以体现中国加速折旧政策。

劳动人口增长率用 1950—2013 年就业人口增长率代替，国家统计局数字为0.02。同时结合PWT8.0（佩恩表）数据进行相关可行的测算工作，最终取其均值来进行模拟。最优的消费投资比在这些参数假定情景下应该为8.11，对中国数据进行处理，首先是调出居民消费再加上进口的商品与服务，然后再全社会固定资产投资中扣除政府预算内资金和外资来源部分进行比较测算，结果发现中国现实值远远小于最优值，而且这种差距在扩大（见图20）。

表6　不同参数的校准值

参　数	取值	文　献
折旧率	0.15	0.1（陈昆亭、龚六堂，2004）。
人口增长率	0.01	1952—2013年人口自然增长率均值。
主观贴现率①	0.988	0.985（刘斌，2008），0.99（康立、龚六堂），0.99（Smets，Wouters，2003），0.995（央行课题组，2013），0.978（用当前年度一年期存款基准利率2.25测算）。
资本产出弹性	0.66	0.66（使用PWT8.0数据估计）。
技术进步率	0.0336	3%（Gordon，Hulten，1954—1990美国资本体现式技术进步），3.36%（黄先海等，2006），2.23%（Maddison，1998），4.6%（郑京海、胡鞍钢，2004），3.6（用PWT8.0数据计算1978年以来增速）。
相对风险厌恶系数	2	国外2（Sargent，2003），2（梅冬州、龚六堂，2011）。

此外，借鉴Sorensen（2010）新古典开放经济模型（见附件1），本国储蓄一方面对国内投资，另外还要对外投资，国内最优投资率为：

$$i^* = n\frac{\alpha}{\bar{r}}$$

$\bar{r}$为世界平均利率，西方国家平均在3%左右，参数取值如果选择资本产出

① 主观贴现率越高，和现期消费相比未来期消费的效用（贴现后）越低，人们越短视越喜欢在现期消费。

弹性为 0.66，劳动人口增长率为 2%[1]，那么得到的最优投资率范围为 44%，目前国内投资率超过 50%，大于这一最优参考标准。

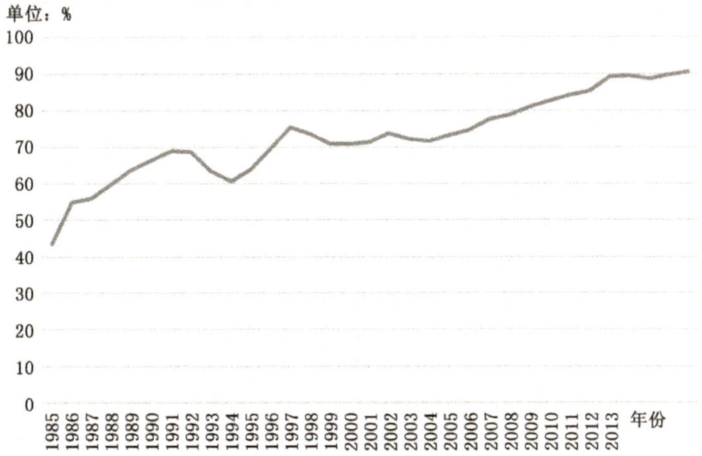

图 20　实际消费投资比

如果对不同五年规划时期进行分析我们会发现从“六五”到“十二五”部分年份（2011—2013），总体的偏离趋势是在上升，只有“九五”时期比相邻两个五年规划时期偏离度有所下降（见图 21）。

在其他参数不变的基准下，改变其中某一个核心参数会带来什么样的后果，表 7 给出了一个答案：如果技术进步率提高到 10%，居民最优消费率下降为 87.3%，比基准情形有所降低；如果资本产出弹性提高到 70%，资本贡献大需要更多投资，居民最优消费率也会下降；降低相对风险厌恶系数，增强居民的安全感，最优居民消费率也会下降；提高折旧率，会加速折旧扩大投资进而降低最优居民消费率；降低主观贴现率，意味着人们更有耐心，更加看重将来，因而最优消费率会降低；提高人口增长也会降低最优居民消费率，因为人口增加会带来产出和储蓄增加。

① 统计局六普数据表明：十年间大陆人口年平均增长率为 0.57%，比上一个十年的年均增长率降低了 0.5 个百分点。

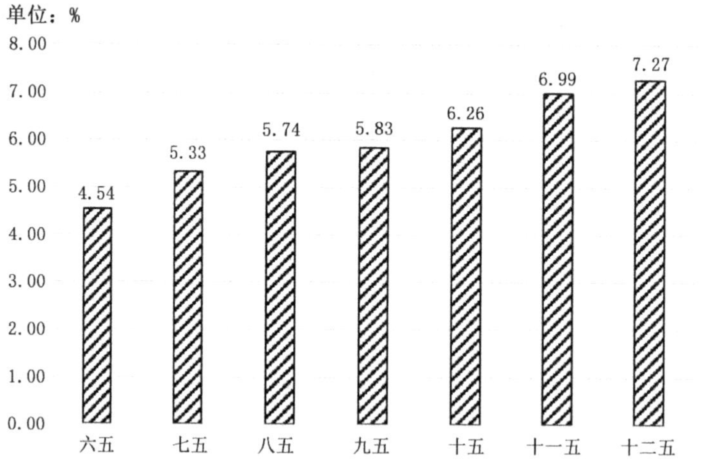

图 21　不同五年规划期对最优消费投资比的偏离程度

表 7　不同参数组合下的最优消费投资率和居民最优消费率　单位：%

	参数值	CI*	居民消费率
技术进步	0.1	6.86	87.27
	0.0336	8.11	89.02
资本产出弹性	0.66	8.11	89.02
	0.7	7.97	88.85
相对风险厌恶系数	2	8.11	89.02
	1	8.24	89.18
折旧率	0.15	8.11	89.02
	0.2	6.80	87.18
主观贴现率	0.988	8.11	89.02
	0.5	3.83	79.30
人口增长率	0.01	8.11	89.02
	0.015	8.30	89.25

对比前面测算年封闭经济和开放经济最优投资率，我们发现，无论用固定资本形成总额除以 GDP 或国民收入 GNI 表示投资率，2008 年之后投资率都已经超

过了最优投资率水平（见图22）。

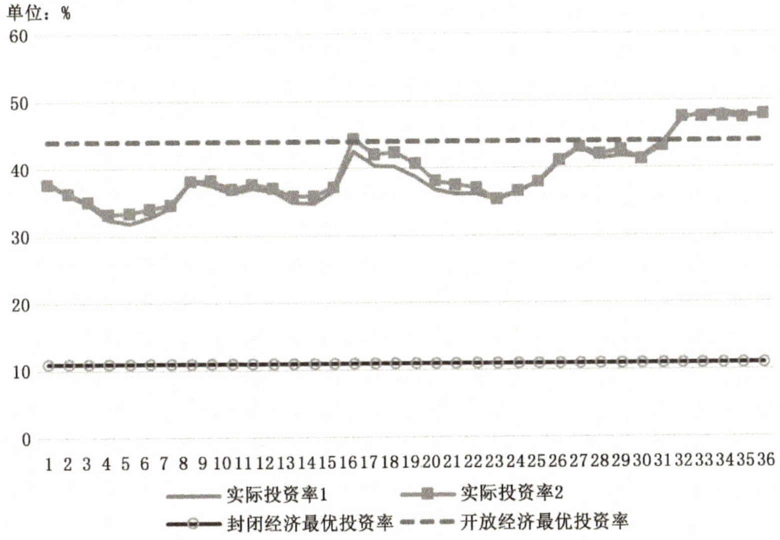

图22　封闭经济和开放经济最优投资率

（三）“十三五”主要宏观需求变量预测

“十三五”对中国而言是新一轮改革开放的关键期，随着中国经济进入新常态，中国经济结构也会随之发生深刻的改变，但是这种改变过程确实需要花费相当长的时间。

我们选取了1986—2013年的年度数据，对实际GDP、实际政府消费、实际政府投资、居民消费、进出口建立一个VAR（向量自回归模型），实际值是用各自对应的价格指数进行折现。模型使用VAR方法。共包含七个变量，分别是名义GDP、CPI、实际私人部门最终消费、实际固定资本形成总额、出口、进口和固定资产投资预算内资金占比。消费、投资、出口和进口是国民经济的四个组成部分，考虑到政府部门可能会进行反周期的操作，所以把政府部门的支出与私人部门分离，仅考虑私人部门最终消费。考虑到政府通过财政手段调控经济时的直接手段是基础设施项目的投资，但固定资产形成项下没有政府投资和私人部门投资的公开数据，因此用固定资产投资中预算内资金占比作为政府干预的一个指标。居民消费通过CPI指数平减。固定资本形成的价格指数序列从 1990 年开始，序列长度不够，因此参考张军等（2004）的方法，用《中国国内生产总值核算历史资料（1952—1995）》中的统计资料估算得出 1983 至 1995 年的平减指数。

尽管消费和投资都使用实际量，但此处采用名义 GDP 和 CPI 指数，而不直接使用实际 GDP。其原因在于实际 GDP 是平稳序列，因此在 VAR 模型中应作为外生变量出现，但经济理论上上一期 GDP 与当期收入、消费等均应存在一定联系，因此无法使用实际 GDP 建模。考虑到理论上由于存在价格粘性，名义 GDP 和价格对实际消费、投资均有影响，且 GDP 和价格指数均为 1 阶平稳序列，因此用使用名义 GDP 和 CPI 指数作为变量，CPI 用来一般性地衡量价格变化。

平稳性检验发现，名义 GDP、CPI、实际居民消费、固定资本形成总额、出口金额和进口金额均为一阶平稳函数，通过 AIC－SC 检验确定了 2 期滞后期，PP 协整检验确认了协整关系存在。因此模型设定如下：

$$y_t = \alpha_1 y_{t-1} + \alpha_2 y_{t-2} + \alpha_3 y_{t-3} + BF_t + u_t$$

y_t 为 t 年份的向量，$y_t = (GDP_t, PCON_t, FINV_t, EX_t, IM_t)$。其中，*GDP* 是国内生产总值指数的对数；*PCON* 是私人部门最终费的对数；*FINV* 是固定资产形成的对数；*EX* 是出口额的对数；*IM* 是进口额的对数；*BF* 是固定资产投资中预算内资金占比，为外生变量；*u* 为误差项。全部数据来自中国国家统计局或对其中相关数据进行处理。

预测方法选择了动态（dynamic）随机（stochastic），然后将结果以 2013 年数据为基准进行折算。此处对一些变量做了假定。假定 GDP 平减指数与 CPI 变化水平相同；假定固定资产投资中预算内资金占比与 2013 那年保持相同水平。得到结果如表 8 所示（见图 23、表 9、表 10）：

表 8　　各类需求预测　　单位：亿元

年份	GDP	居民消费	固定资本形成总额	出口金额（人民币）	进口金额（人民币）
2015	637031.89	257886.55	318298.82	28467.32	24574.74
2016	673522.71	283123.66	338276.51	30313.31	27160.37
2017	721441.81	306116.81	358454.47	32844.25	29029.69

续表

年份	GDP	居民消费	固定资本形成总额	出口金额（人民币）	进口金额（人民币）
2018	773132.71	301306.12	380069.69	36955.96	31796.91
2019	828186.79	289693.01	402517.12	41638.15	35902.22
2020	890574.47	296679.30	424198.56	45634.63	39589.70

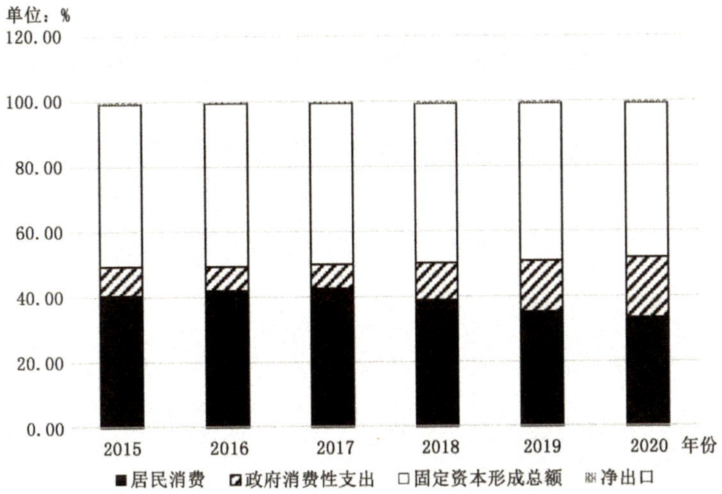

图 23　支出法各分项占比

表 9　　经济增速、实际居民消费增速、实际固定资本形成额增速　　单位：%

增速	实际 GDP	实际居民消费	实际固定资本形成总额
2015	3.96	-2.42	7.73
2016	5.73	9.79	6.28
2017	7.11	8.12	5.96
2018	7.16	-1.57	6.03
2019	7.12	-3.85	5.91
2020	7.53	2.41	5.39

表 10　居民消费、政府消费、固定资本投资形成额占 GDP 比例　单位：%

结构	居民消费	政府消费性支出	固定资本形成总额
2015	40.48	8.94	49.97
2016	42.04	7.27	50.22
2017	42.43	7.35	49.69
2018	38.97	11.20	49.16
2019	34.98	15.73	48.60
2020	33.31	18.38	47.63

从 2013 年以来，PPI 持续下降，而 CPI 持续上升，因此用 CPI 来作为 GDP 的平减指数短期内存在一定程度的高估，相应就低估了实际 GDP 的增速。但分析结果显示，“十三五”期间，经济增速回升到 8% 较为困难。从各部门结构看，居民消费占比在 2017 年达到峰值，之后回到下降轨道。投资仍然占有较大比重，但从 2017 年开始缓慢下降。需要注意的是，这可能是由于模型无法预测政府反周期力度（预算内资金占固定资产投资比重）导致的错觉。首先，模型假定今后数年的反周期力度与 2013 年相仿，但在经济下行阶段这是不可能的；其次，在这样的假定下，估算的政府部门消费占比会快速增长，而政府部门的规模不可能如此迅速地扩张，因此很有可能是由于模型存在缺陷，将本应通过投资手段进行的反周期调控叠加在消费中。如果把政府消费与投资合并看，两者之和在 GDP 中的比重在 2016 年以后会快速上升，到 2020 那年达到 66%，经济结构失衡的问题愈加严重。

四、政策建议

前面分析表明了中国的确存在着投资过度和消费不足的问题，而且这种趋势还未得到彻底的扭转，如果没有强有力的政策调整或结构改革，“十三五”的需求结构依然不会发生大的改变。中国经济对投资的过度依赖，经济波动性受制于投资波动性，为了更好地优化未来的需求结构，中国需要进行有效的改革，为此，建议，改革从以下 7 个方面入手：

（一）完善收入分配制度改革

提高居民收入水平会对消费产生积极作用。中低收入阶层的边际消费倾向高但是收入不足，消费结构层次低，政府要多方入手提高其收入和消费能力。一是制定合理的制度以保证起点公平或机会平等。具体说来，政府要尽量减少管制，加大“简政放权”力度，改善落后地区的基础设施和人力资本现状，开放垄断行业给民间资本，减少寻租空间所导致的灰色收入。前30年改革开放主要是对外开放，现在可以加大对内资的开放力度，内资是国内投资稳定且可靠的资金来源。只要政府妥为规划，完全可以避免一些负面现象。二是科学设计个人所得税制度。调节居民收入分配的一个有力工具是个人所得税，但目前的分类计征、起征点以及税率级次设计等都还有局限和缺陷。将来的改革应该是综合收入计征、以家庭为单位、减少级次并提高高收入档次的税率，这样才能体现累进性功能。此外，从调整存量分配入手开征物业税、遗产税等财产税，也能间接地改进收入分配。三是不仅让人们“增收”，更让人们“减支”。如果说政府通过一些减税手段让人们增收，但这种增收的效果往往有限，更为重要的是让人们“减支”。现代社会，人们的教育、医疗卫生、社会保障开支日渐增长，作为公共品，这些领域也是政府有所作为的领域；除了对弱势群体尤其是低收入群体加大社会福利的投入外，扩大对企业社会保险补贴范围等也会改善现有的收入分配结构。此外，政府要通过各项支出管理措施，例如，“以结果为导向”的绩效预算等，让政府的政策落到实处。

（二）认真把握“互联网+”机遇，推动网购消费健康发展

“互联网+”为众多传统行业带来了新机遇，互联网改变了众多行业，极大地降低了社会交易成本，提高了社会整体的效率和福利水平，对消费改变尤为明显。据统计，2015年1至2月份中国社会消费品零售总额47993亿元，同比名义增长10.7%，扣除价格因素实际增长11%。国家统计局还首次发布了全国网上商品以及服务消费的整体情况。2015年前两个月，全国网上商品和服务零售额4751亿元（占同期社会商品零售总额的9.89%），同比增长44.6%，远超总体消费增速。我们要切实把握当前“互联网+”带来的机遇，推动网络在促进消费中所能发挥的积极作用，政府要构筑良好的外部消费环境，例如降低网络资

费、优化网络购物环境、完善电子商务体系、网络知识产权保护、电子密码保护、网店信用体系、电子支付制度，为消费者购物创造方便快捷服务。

（三）大力发展资本市场，理顺投资储蓄关系

中国现有的融资结构过度依赖银行的间接融资，一方面导致存款收益不高，弱化了居民的财产性收入，不利于消费扩大。另一方面银行严格的信贷管理和国有企业固有的低效率情况导致了存款难以有效地转化为投资，这不利于中国投资一储蓄平衡。资本市场的发展可以有效降低企业融资成本，通过财富效应来提高居民的财产性收入和企业投资的积极性，可以将居民储蓄更好地转换为有效投资，进而为带动经济增长发挥积极作用。可以多利用互联网技术，例如，互联网金融通过互联网技术平台为广大民众提供好的理财渠道，为小微企业提供比传统金融更便利的融资渠道，减少市场交易成本，将储蓄更快地转换为投资。

（四）推进贸易结构优化

除了推动各地自贸区建设外，未来推进贸易结构优化主要体现在两方面。首先是加大对一般性贸易的扶持力度，鼓励更多的企业进行一般性贸易，提高产品出口的技术含量和出口竞争力，实行出口退税、出口信用担保、商务谈判补贴等政策，同时加大对高新技术产品的进口力度，例如，实行低税率政策。其次要减少中国的服务贸易逆差对商品贸易顺差的蚕食，针对中国服务贸易发展仍相对滞后，面临结构不合理，技术知识密集型服务出口占比偏低、服务贸易长期逆差等诸多问题，要结合当前“营改增”改革范围的扩大，对服务出口实行零税率或免税，鼓励服务出口。鼓励政策性金融机构在业务范围内加大对服务贸易扶持力度，支持服务贸易重点项目建设。建立和完善与服务贸易特点相适应的口岸通关管理模式。

（五）适度减少区域间的需求结构不均衡现象

区域间的需求结构不均衡是一种客观现实，不能一刀切地完全让其相同，尽管从长期看，随着收入水平增加一些需求结构具有趋同现象，但未来相当一段时期内，中西部以及东北地区的需求结构不会有太快的改变，他们仍然要依赖投资拉动，其产业结构、人力资本和地理位置决定了结构调整的难度更大，需要中央

给予高度关注，通过均衡性转移支付来适度扭转这些落后地区的需求结构失衡。同时看到发达地区由于开放度高导致易受外部市场波动的负面冲击，需要建立很好的风险防范和隔离机制，加快产业结构升级步伐，增强自主创新能力早日实现需求结构均衡，成为其他地区的结构调整改革典范。

（六）鼓励创新创业带动消费增长

创新是经济增长的源动力，无论是制造业还是服务业，创新才是根本，在所有创新中科技创新是一切创新的基础。财政在推动创新中除了直接投入或税收优惠外，更重要的是建立一种高效的机制来推动科技创新活动。2014 年科技部、财政部共同起草的《关于深化中央财政科技计划（专项、基金等）管理改革的方案》，已获批准，方案旨在优化整合科技投入并建立具有中国特色的以目标和绩效为导向的科技计划（专项、基金等）管理体制，这些无疑会对未来的大众创新产生重要的推动作用。此外，通过多种手段，例如税收优惠、财政补贴、降低社保缴费率、融资担保等政策促进大众创业，降低创业门槛，以创业带动就业实现政策乘数效果。创新创业可以提高民众收入，带动消费水平大幅提高。

（七）优化政府支出结构

在经济下行压力下，必须要保持一定的投资规模，同时要优化投资机制，避免对经济不合理的扰动，提高财政政策的反周期调控能力。同时为了保持“十三五”期间中国经济的平稳增长，也为了避免政府支出对私人部门带来的“挤出效应”，除了直接的公共投资之外，当前财政部门倡导的 PPP 模式可以有效地调动社会资本参与到公益性项目投资尤其是基础设施建设领域，不仅没有“挤出”，还“挤入”了民间投资，推动了包括公共资本在内的物质资本积累，这有助于提高生产效率和经济增长。

重点加大人力资本投入，支出向教育、医疗等方面倾斜，进一步促进人的城镇化，提高生产效率。除了保持一定的投入，更关键的是进行机制创新。一是要优化教育投入结构，增强职业教育及培训投入，可以学习北欧国家向失业者发放失业券用于再就业培训，将失业变成再培训的机会；增强对弱势群体或落后地区的教育扶持力度，避免出现拉美国家教育投入等公共资源分配不公（例如高等教育向高收入阶层倾斜）现象。二是加快医疗体系改革，为公众提供较高水平、合理价格的医疗服务。结合个人所得税改革可以将中低收入家庭的教育、医疗等支出纳入税前合理减免中。以 PPP 模式引入民间的教育、医疗机构，开放市场同时又满足了不同层次的医疗教育需求。三是调整财政转移支付体系。新型城镇化加快了人口迁移，实现全国范围的基本公共服务均等化有助于人口的自由迁徙，当务之急需要建立一个充分考虑人口双向流动的公平有效的财政转移支付体系，缓解人口流入地的财政支出压力。

（八）加快推进“一带一路”战略有序释放中国过剩产能和投资

2013 年 9 月和 10 月，习近平总书记分别在访问哈萨克斯坦和印度尼西亚时提出共同建设“丝绸之路经济带”和“21 世纪海上丝绸之路”（以下简称“一带一路”）倡议，2014 年 12 月中央经济工作会议把“一带一路”确定为优化经济发展格局的三大战略之一。从政治或国际战略看，这一战略可以抗衡由美国倡导的跨太平洋和跨大西洋贸易投资协定，战略意义显著。同时，从经济意义看，“一带一路”是由中国提出的倡议，将会充分利用“两种资源、两个市场”，对保障中国的能源资源安全、化解过剩产能、输出过剩资本、减轻供需结构失衡和经济转型升级非常重要。从外交看，这一战略既利中国也有利周边各国。为了更好落实这一战略，中国牵头组建了多国参加的亚洲基础设施投资银行，同时也设立了丝路基金，并鼓励中国企业向外投资，相信随着这一战略的逐步推进中国的投资储蓄关系将更为平衡，供需结构和需求结构的失衡局面将得到有效改善。

附件　小型开放经济的索洛模型

小型开放经济的索洛模型体系①如下：

$$V_t = K_t + F_t \tag{1}$$

① 如果劳均 GDP、劳均消费、实际工资率和资本密度都按照同样一个常数 g 增长，劳动（人口）按照一个固定比率 n 增长，GDP、消费、资本按照（$n+g$）增长，资本产出比和资本回报率固定不变，这样的增长过程称为平衡增长。如果一个增长模型预测经济体将收敛到一条特定的长期增长路径或沿着一条特定的长期增长路径运动，那么这条路径就是平衡增长路径（balanced growth path，BGP），它是实证可行的。

$$V_{t+1} - V_t = S_t \tag{2}$$

$$Y_t^n = Y_t + \bar{r}F_t \tag{3}$$

$$S_t = sY_t^n \tag{4}$$

$$Y_t = AK_t^{\alpha}L_t^{1-\alpha} \tag{5}$$

$$L_{t+1} = (1 + n)L_t \tag{6}$$

$$\bar{r} = \alpha A\left(\frac{K_t}{L_t}\right)^{1-\alpha} \tag{7}$$

$$w_t = (1 - \alpha)A\left(\frac{K_t}{L_t}\right)^{\alpha} \tag{8}$$

模型参数包括 α 为资本产出弹性，A 为全要素生产率，s 为储蓄率，n 为劳动力增长率，$\bar{r}$ 世界实际利率。外生变量包括 V_t（国民财富），K_t 国内资本存量，F_t 为持有的国外资产，L_t 为本期劳动力，Y_t 为本期国内产出，Y_t^n 本期国民收入（包括国内产出和来自国外的资产收益），w_t 为工资，S_t 为本期国民储蓄。

T 时期的国民财富为 V_t，劳动力为 L_t 这是由过去的储蓄以及人口增长所决定。资本存量并不是事先决定的，它可以在 t 时期通过进口或出口改变。一个较大的资本存量与一个较低的国外净资产 F_t 相关。给定 L_t，通过（7）式本国的资本存量调整到 K_t，保证了资本的边际产出等于世界的实际利率 $\bar{r}$；假定在某一期，本国资本存量低于这一个利率水平，那么本国的资本投资回报就会高于国际资本市场，资本就会流入本国导致本国资本存量增长，直到本国资本回报率等与世界水平位置。（7）式决定了本国的资本劳动比 $\frac{K_t}{L_t}$，由于 K_t 已定，L_t 事先确定，所以根据（5）式本国的产出也是确定的，这样劳动的边际产出可以由（8）式给出。给定 V_t、K_t 可以得到国外净资产 F_t。在 Y_t、F_t 确定下，由（3）式可得国民收入 Y_t^n，Y_t^n 通过（4）式又决定了国民储蓄 S_t。（2）式指出国民储蓄加上国民财富决定了 V_{t+1}，通过（6）式可以得到 L_{t+1}，所以从时期 $(t + 1)$。通过给定的初始值 V_0，L_0，模型就决定了所有内生变量的动态过程。

如果用人均形式来对模型进行分析，先界定一些人均（劳均）变量：

$$y_t = \frac{\gamma_t}{L_t},\ k_t = \frac{K_t}{L_t},\ y_t^n = \frac{Y_t^n}{L_t},\ v_t = \frac{V_t}{L_t},\ f_t = \frac{F_t}{L_t}。$$

人均国民收入通过变换可以得到下面形式：

$$y_t^n = w_t + \bar{r}v_t \tag{9}$$

开放经济中，人均国民收入是人均工资和人均国民财富报酬之和，表明一个国家居民所拥有的劳动和资本是国家收入的来源。

通过进出口确保每一时刻本国资本边际产出等于世界利率，因此资本会立刻调整到资本的稳态值为：

$$k^* = A^{\frac{1}{1-\alpha}}\left(\frac{\alpha}{\bar{r}}\right)^{\frac{\alpha}{1-\alpha}}$$

相应地，人均国内产出和工资率也会立刻调整到稳态水平：

$$y^* = A^{\frac{1}{1-\alpha}}\left(\frac{\alpha}{\bar{r}}\right)^{\frac{\alpha}{1-\alpha}}$$

$$w^* = (1-\alpha)A^{\frac{1}{1-\alpha}}\left(\frac{\alpha}{\bar{r}}\right)^{\frac{\alpha}{1-\alpha}}$$

因此，资本产出比调整到：

$$\left(\frac{K_t}{Y_t}\right)^* = \frac{\alpha}{\bar{r}}$$

国内资本密度 k_t 和人均 GDP（y_t）的固定不变意味着随着时间变化，资本存量（K_t）和国内产出（Y_t）将会以人口增长的速度增长。投资率会立刻调整到：

$$\left(\frac{I_t}{Y_t}\right)^* = i^* = \frac{n\alpha}{\bar{r}}$$

开放经济条件下，储蓄率不再控制资本积累，而是影响国民财富积累。

$$v_{t+1} = \frac{1}{1+n}(v_t + sy_t^n)$$

将（9）式代入，令 $w_t = w^*$ 得：

$$v_{t+1} = \frac{1}{1+n}(v_t + s(w^* + \bar{r}v_t))$$

同样可以得到稳态：

$$v^* = \frac{s}{n - s\bar{r}}w^*$$

进一步还可以得到：

$$y_n^* = (1-\alpha)A^{\frac{1}{1-\alpha}}\left(\frac{\alpha}{\bar{r}}\right)^{\frac{\alpha}{1-\alpha}}\frac{1}{1-\frac{S}{n}\bar{r}}$$

人均消费会随着国民财富的收敛而收敛到其稳态：$c^* = (1 - s)y_n^*$。

在合理的稳定条件下，小型开放经济索洛模型会收敛到稳态。无论封闭经济还是开放经济，技术进步都会增加人均收入。在稳态下，高储蓄倾向的经济体是净债权国，低储蓄倾向的经济体为净债务国。

“十三五”时期农业和农村发展的重大任务和主要措施

张立承　申学锋　张绘

摘　要：

中国“十二五”时期的农业发展取得一系列显著成效，但与此同时，在中国经济进入新常态的背景下，农业农村发展面临一些新问题、新挑战。展望“十三五”时期农业和农村发展面临的重大任务，应主要关注以下五个方面：一是在新的高度保持农业和农村平稳健康发展；二是在新的时期更好地保障居民农产品需求；三是在新的阶段上更好地发挥农业支持体系的效能；四是在新的对外开放形势下借力助推农业发展；五是推动农村小康社会建设。我们认为改善当前农业和农村发展状况的主要措施应是：着重提升粮食、食品和食物安全能力；进一步提高财政涉农补贴政策效能；发展适度规模经营，加快构建新型农业经营体系；在“一带一路”重大战略引领下加速推进对外农业投资；以解决贫困、流动人口和农村基层设施改造等困扰农村发展的难点为突破口，推动我国农业和农村事业进一步发展。

关键词：

“十三五”规划 农业 农村发展 粮食产量 农民收入

一、“十二五”时期农业与农村发展存在的主要问题

“十二五”后期中国经济发展进入新常态，经济从高速增长转向中高速增长，农业发展的外部条件和内部动因也随之发生了深刻变化，处于一个全新的阶段。改革开放30多年来，中国农业农村发展的谋篇布局始终围绕粮食产量和农民收入两个核心问题展开。粮食产量问题直接关系国家粮食安全战略，确保粮食安全是国家涉农政策的基石，农业农村发展的一系列方针政策都是立足于中国人多地少的现实国情提出来的。近年来，从粮食产量和农民增收两大主要指标来看，中国农业农村发展实现了预期的增长目标，总体形势平稳向好。2014年，全国粮食总产量达到12142亿斤，比上年增产103亿斤，增长0.9%，实现了自2004年以来的“十一连增”。2014年农民人均纯收入为9892元，扣除价格因素比上年实际增长9.2%，增幅继续高于城镇居民人均可支配收入的增长。城乡居民收入差距从2009年最大的3.33：1持续下降到2014年的2.92：1，为近年来首次下降到3以下。这些农业和农村关键性的基础指标逐年向好，充分说明“十二五”期间确定的涉农大政方针方向是正确的，成效是显著的。但与此同时也应当看到，在中国经济进入新常态的背景下，农业农村发展面临一些新问题、新挑战。

（一）农业支持保护边际效能降低

长期以来，财政补贴是中国政府对农业支持保护的重要政策工具，自本世纪初逐步形成的政府涉农补贴体系对稳定粮食生产、增加农民收入确实起到了较大的政策效果。但是，这种具有“普惠制”特征的涉农补贴在三个方面存在问题。首先，补贴政策并没有严格做到“多种多补”，一些种粮大户、种田能手并没有

在既有的补贴政策中得到实实在在的好处。其次，补贴政策并没有严格做到“不种不补”，保障国家粮食安全政策导向并没有产生预先的效果。最后，补贴政策并没有严格做到“谁种补谁”，在一些地方政府对农民的种粮补贴反而成为耕地适度流转的制约因素。现有财政涉农补贴政策在针对性、指向性、精准性和有效性等方面的欠缺，使得财政补贴的边际效能出现降低的态势。

（二）农业生产成本“高地板”和农产品价格“天花板”，农业发展面临多重挤压

近年来，中国农业生产成本迈入上升通道，尤其是生产性的服务费用支出年均增幅达到8%—9%，助推了农产品成本的上涨，多数大宗农产品国内价格普遍超过国际市场，已达“天花板”，国产主要农产品现货价格与进口同类农产品的完税价格相比处于竞争劣势。以玉米为例，2013 年上半年之前的进口完税价格与国产现货价格之间相互交织，但从 2013 年下半年开始国际玉米价格呈现逐波走低的态势，而国产玉米价格却维持在历史高位。即使不考虑消费者承受能力等因素，仅从国际市场的价格来看，再提高国内农产品的价格无疑是向国际市场打开更大的门。在农业生产成本处于“高地板”、农产品价格贴近“天花板”的双重挤压下，加之“黄箱”政策临近上限，农业可持续发展面临着多重挤压（见图 1）。

图 1　近年国产玉米与进口玉米价格对比

资料来源：程国强：2015 年 1 月 30 日《当代金融家》现代农业金融对话与对接平台研讨会。

（三）农民增收难度加大，实现收入“倍增”的目标有一定压力

在农业生产成本逐步增长的背景下，农民纯收入的增加更多地依赖非农收入增长。从2013年农民人均纯收入结构看，其中占比最大的是工资性收入，首次超过家庭经营性收入占比，种植业收入在农民人均纯收入中的比重已经降至不足四分之一。继续走政府补贴增加收入的道路对农民的吸引力逐渐下降。党的十八大明确提出，“2020年实现国内生产总值和城乡居民人均收入比2010年翻一番”。“十三五”是实现这一目标的最后五年，也是最为关键的五年。现阶段，农民增收面临两难选择。留在城市，受经济下行压力和城市生活成本高企的影响，务工净收入的增长趋缓；回到农村，一时难以适应农村生活同时也难以接受务农的收入状况。这种两难处境使得未来农民实现收入“倍增”目标充满挑战。

（四）农业生态环境系统恶化，农业发展方式亟待切实转变

过去很长一个时期，为了解决吃饱肚子的问题，我们采取了追求粮食产量增长这样一个目标，并且基本实现了这一战略目标，但同时也付出了惨痛的代价，突出表现在土壤和水体的污染不断加剧、食品安全问题凸显，农业的生态环境日益恶化，系统性的农业生态安全问题隐患较大，农业的生态环境所面临的压力前所未有。2015年4月环境保护部和国土资源部对全国全部耕地、部分林地、草地、未利用地和建设用地调查发现，19.4%的耕地土壤污染点位超标，约有3.49亿亩耕地被污染。在点位超标的耕地中，轻微、轻度、中度和重度污染点位比例分别为13.7%、2.8%、1.8%和1.1%。而十年前的2006年，国家环保局调查发现中国受污染的耕地约有1.5亿亩，另有污水灌溉耕地3250万亩，固体废弃物堆存占地和毁田200万亩。三者合计1.85亿亩，约占全国耕地总量的十分之一左右。

（五）农业生产的组织化程度和市场化程度较低，影响农业现代化的进程

提升农业的组织化程度和市场化程度，不断创新农业经营体系，是建设现代农业的主要任务和必然途径，但中国的基本国情导致实现这些任务还面临很多现实的困难。中国农业发展与国外相比具有国情和发展阶段的独特性，人多地少，

土地经营规模小，由此也导致劳动生产率低下，农产品成本偏高，缺乏市场竞争力。实现农业现代化，必须走规模化现代农业之路，但这又牵涉土地流转和农民转移到城镇和第二三产业。将一家一户的传统农业转变为组织化、市场化的现代农业，不仅需要顶层设计和政策支持，需要体制机制的创新，更需要作为改革主体的数亿农民的观念转变和城镇化进程的顺利进展，实施起来需要一个过程。

（六）在城乡一体化战略布局下城乡基本公共服务均等化仍有待加强

城乡二元结构是制约城乡一体化的主要障碍。党的十八届三中全会后，中央强调要加快构建新型农业经营体系，赋予农民更多财产权利，推进城乡要素平等交换和公共资源均衡配置，完善城镇化健康发展体制机制。近年来，随着国家整体发展战略的调整和优化，城乡基本公共服务均等化已经有了较大改善，但是长期受体制机制约束城乡基本公共服务均等化仍然有很多欠账待补，特别是对于一些偏远、贫困地区的基本公共服务仍然是城乡一体化发展过程中的“短板”。

二、“十三五”时期农业和农村发展面临的重大任务

（一）在新的高度保持农业和农村平稳健康发展

截至 2014 年中国以粮食为代表的农业生产已经实现了十一连增；城乡居民收入差距也持续下降，2014 年达到 2.92：1，为近年来首次下降到 3 以下；农村公共服务和基础设施也得到了持续改善。“十三五”时期的农业和农村发展站在了一个更高的历史起点，如何保持好改革开放后最好且最长的一段农业与农村稳定发展的良好局面，如何在既有涉农政策体系框架下针对现实问题进行中期适应性调整，这是“十三五”时期农业和农村发展开篇布局必须考虑的首要问题。

（二）在新的时期更好地保障居民农产品需求

众所周知的原因，中国农业生产长期以粮食为中心，坚守粮食安全的底线，很好地完成了国家粮食安全战略。这些任务不仅在过去和现在，乃致未来一直都会是中国农业发展战略的基石。但是，“十三五”时期，居民收入增长更快、对

外开放程度更广、居民消费层次更高，单纯固守“粮食安全”甚至是“口粮安全”已经远不能够适应人们对农产品消费需求的变化。百姓要求端上饭桌的不仅要足量、要丰富有营养、更要安全，这无疑对传统的农业生产提出了更高的要求。如何把“粮食安全”进一步拓展到“食物安全”、“食品安全”，新时期的农业责无旁贷。

（三）在新的阶段上更好地发挥农业支持体系的效能

2003 年以来，政府出台了一系列强农惠农政策，财政支农力度也持续增强，形成了农业增长与财政投入共进的局面。但是，上万亿元的财政投入托起了上万亿斤粮食及其他农产品已经是不争的事实，财政支农投入呈现边际效能递减的迹象。2014 年全国粮食产量与财政性投入增长也明显不成比例，后者数倍于前者。客观地讲，针对这一问题，中国在“十二五”中后期就已经开始着手改革。比如，2014 年中国推出了针对新疆棉花和东北大豆的目标价格补贴市场化改革试点，2015 年提出准备利用三年时间对中国农机补贴政策在补贴对象、范围和流程等方面做出调整。事实上，这些政策措施已经揭开了中国改革现有农业支持体系效能的大幕，应该说围绕政府农业补贴效能的提高将是“十三五”政府涉农政策调整难以回避的重要任务之一。

（四）在新的对外开放形势下借力助推农业发展

客观地讲，中国粮食产量连创新高与农业资源要素的过度使用是相伴而生的，农业增长的要素约束越来越紧。据统计，1998 年至 2012 年，全国耕地面积年均减少近 1000 万亩。区域性耕地质量退化严重，全国因水土流失、贫瘠化、次生盐渍化、酸化导致耕地退化面积已占总面积的 40% 以上。在农业生产中普遍存在化肥、农药施用强度高，流失量大，部分地区耕地和地下水受到大面积污染。局部地区土壤重金属污染已进入集中多发期。这些都预示着继续沿用增加现有要素使用强度的办法实现全国农业增长已经越来越难。当前，在“一带一路”对外开放战略指引下，如何嵌入农业走出去战略，充分利用外部生产要素资源是新形势下摆在“十一五”农业发展面前的一项新的任务。

（五）推动农村小康社会建设

到2020年基本建成小康社会，这是党中央的庄严承诺。2005年10月党的十六届五中全会决议文件中明确提出“建设社会主义新农村”，经历十年的建设，农村的面貌发生了巨大变化，但是仍有不少问题得不到解决。比如，精准扶贫与监管缺位的冲突；人口外出后农村空心化、老龄化的问题；留守儿童的问题；原有新农村建设政策连贯性的问题等。这些问题具有普遍性，既不是近期才出现的问题，也不可能在“十三五”时期彻底解决，需要把它们作为一项中长期任务来完成。

三、政策建议

当前，中国正处于全面深化改革的攻坚克难时期，社会与经济的各个行业和领域都在全面推进改革。我们认为与其他许多改革不一样，农业和农村的改革应该“稳字当头”，这不仅仅是“十三五”时期涉农改革的出发点，也是中国所有涉农改革的出发点。建议“十三五”时期应该立足对制约农业和农村发展的部分凸显的问题，比如农产品价格问题、财政补贴问题等做出中期适应性调整；对一些在发展过程中可能出现的矛盾和问题，比如农业结构调整、城镇化等做出前瞻性预判。

（一）提升三个层次的食物安全能力

长期以来，中国对发展农业给予了高度重视，特别是主要农产品保障居民消费需要方面更是不遗余力地发掘农业生产潜能。客观地讲，长期以来中国农业生产要素约束日趋紧张，农业生产在多重政策刺激下在高位维持。“十三五”时期，我们建议从以下三个层次调整和提升食物安全能力。

1. 粮食安全。粮食安全是中国农业生产的重中之重，我们认为应该在“十三五”时期维持中国长期鼓励粮食生产的政策体系基本稳定，特别是耕地保有政策、土地流转政策、粮食主产区建设政策等，在三个方面提升粮食安全能力。首先，建议加大财政用于改造中低产田的公共投资力度，提高现有耕地的粮食生产能力。根据农业部2014年发布的《全国耕地质量等级情况公报》，按照全国耕地按质量由高到低依次划分为一至十等，中国的中低质量（四至十等）的耕地面积为13.28亿亩，占耕地总面积超过七成。如果通过大规模耕地投资，提高土地肥沃程度和水利灌溉条件，到2020年，可实现新增粮食综合生产能力1600亿斤以上。其次，建议在中国部分粮食产区试点休耕制度。过去30年中国农业每年综合增长率为4.65%，而同期人口年增长低于1%，相应每年人均的农产品供给增长率是3.65%。这说明过去30年中国以粮食为核心主要农产品供给保持了稳定增长，从中短期来看中国并不面临迫切的粮食安全压力。所以，在“十三五”时期维护国家粮食安全战略可以“以退为进”，适当休养生息，以局部休耕的方式舒缓农业生产日趋紧张的资源约束环境。再次，适当增加粮食进口。一方面，当前中国有大量外汇储备，“手中有钱可以买粮”；另一方面，国际粮价与国内粮价的“价差”也为中国适当增加粮食进口提供了机会。适当增加粮食进口应保持合理尺度，避免“谷贱伤农”影响粮食生产能力。

2. 食物安全。随着收入水平的增加，居民饮食结构中食物摄取更加多元化，更加高级，不再简单集中在粮食上面。有必要在“十三五”时期将过去坚守粮食安全的基础上全面提升到食物安全，把肉、蛋、奶、水产品等农副产品纳入食物安全范围，全方位提升中国农产品保障层次。首先，完善“饲料安全”政策。从传统的“饲料粮”保障向“饲料粮”+牧草双保障模式转变，大力发展以苜蓿种植为重点的牧草产业，打造西部地区“优势苜蓿生产带”。其次，发挥比较优势，提升通过非粮农产品国际贸易来改善食物供给结构。可以适当增加中国具有比较优势的劳动密集型农产品出口，比如畜产品、水产品、水果等，从目前5%—10%的出口规模提高到10%—15%，相应进口部分其他国家优势农产品，丰富和改善中国食物供应结构。

3. 食品安全。首先，从源头抓起。在中国的农业大部分还处在小规模家庭分散经营的背景下，食品安全问题必然存在。从生产源头抓食品安全是整个食品安全链条的起始环节，也是难以回避的环节。现阶段，抓源头食品安全的当务之急是对小规模生产开展科学普及教育和农产品生产者的责任担当意识。其次，积极推动农产品生产的标准化。适当提高农产品质检标准，实现农业生产资料采购、农产品生产、加工、流通等多个环节的标准化流程。再次，重点加快制定农产品质量追溯制度、管理规范和技术标准，推动国家追溯信息平台建设，进一步健全农产品质量安全可追溯体系。同时，建立完善农药、兽药使用严格监管制度和销售资格审查制度。

（二）提高财政涉农补贴政策效能

农业保护政策体系的关键是涉农财政补贴政策。在本轮强农惠农政策合力推动下，公共财政年度涉农支出已经累积到了上万亿元的规模，其中种粮直补、农机具补贴、良种补贴和农资综合补贴四项补贴支出占比就接近 20%。客观地讲，连续十余年巨额农业投入在带来农业生产能力维持在历史高位外，也出现了涉农财政支出效能减退、国内外主要农产品价格差距拉大、托底收购政策加重财政负担等问题。我们的建议有三点。

1. 确保“十三五”时期财政农业投入只增不减。各级财政收支压力加大、农业生产特别是粮食产量屡创新高、涉农补贴边际效能减退等都不是减少财政农业投入的理由。相反，应该珍惜当前农业发展的良好局面，通过加大财政农业投入力度，确保农业可持续增长。

2. 调整优化涉农补贴。首先，调整优化应该增量与存量并重。我们不赞成涉农补贴政策调整只调增量，不动存量的传统财政支出改革逻辑。在涉农补贴已经有数千亿元的支出规模下，调整支出存量势在必行。建议从小幅调整调整种粮直补存量改起，增强补贴的政策效果。调整种粮直补政策，对种与不种、种粮与种其他作物在享受种粮补贴方面区分开来。把种粮直补政策更鲜明地体现在鼓励种粮上面。“十三五”时期应逐步推开对普惠制的涉农补贴有针对性地存量调整改革，降低直至取消不符合条件的政策补贴。其次，在增量改革方面，借鉴 2015 年农机具购置补贴对象向直接从事农业生产的个人和经营组织倾斜的改革思路，把财政新增补贴支出逐步调整到农业生产经营主体上面。建议适当控制对农区政府的转移支付，更多地靠调动微观主体的积极性来提升农业生产潜能。

3. 扩大目标价格补贴市场化改革试点。2014 年中国选择在新疆棉花和东北大豆两个区域品种开展目标价格补贴制度，把过去“保护价格”改为“目标价格”，政府只补贴两者的差额。财政补贴改革试点变“大水漫灌”为“精准发力”，通过价差补贴更好地体现了补贴政策意图和效果。我们建议“十三五”时期，中国择机适时收缩定价托市收购政策，在区域与品种两个方面扩大目标价格补贴改革试点。在区域方面，把新疆和东北的经验，特别是新疆棉花的改革经验逐步推广到西北和华北。在品种方面，尝试将油料、食糖、生猪、牛奶等引入目标价格补贴范畴。

（三）发展适度规模经营，加快构建新型农业经营体系

1. 多种因素综合考量适度规模经营。要充分考虑当地劳动力转移程度、农业社会化服务和机械化条件与水平、农作物品种、人均土地规模、土地自然状况等因素，因地制宜确定本地区土地规模经营的适度标准。

2. 财政增量涉农资金向新型农业经营主体倾斜。按照依法自愿有偿原则，允许农民以转包、出租、互换、转让、股份合作、委托经营等形式流转土地承包经营权，鼓励发展专业大户、家庭农场，将新增农业补贴、财政奖补资金、农业保险保费补贴向专业大户、家庭农场倾斜。

3. 建立严格的工商资本租赁土地的监管制度。随着工商资本进入农业、参与农地经营规模的扩大，需要探索建立严格的工商企业租赁农户承包地准入和监管制度。针对土地流转主体日益多元化、跨区域流转现象趋于普遍的实际，探索建立由财政、转入方、转出方三方共担的土地流转风险保障金制度。

（四）在“一带一路”重大战略引领下加速推进对外农业投资

1. 资金来源。建议在即将成立的亚洲基础设施开发银行和已经成立的丝路基金的资源配置中加大农业对外投资力度。包含两个层次：其一，“一带一路”重大战略为农业走出去提供了极好的机会，应该把农业基础设施投资纳入区域投资的优先保障范围，投资的重点包括农田水利设施、道路等，投资项目期限不应过短，立足5—10年安排中期投资项目为宜。其二，“一带一路”重大战略对外投资会涉及交通、能源等基础设施项目，建议此类项目布局时应该综合考虑农业对外投资的需要，呼应农业走出去战略。

2. 资源布局。围绕“土地”这一农业核心生产要素资源开展。建议综合考虑政治优势、地缘优势与生产优势，中短期大力拓展俄罗斯远东地区和非洲撒哈拉以南地区的农业生产能力。俄罗斯远东地区土地肥沃、地广人稀；非洲撒哈拉以南地区拥有大量农业生产资源，农业劳动生产率和土地产出率都有较大的提升空间。

3. 产业构成。紧扣“粮食”这一具有战略属性的农产品，优先发展粮食生产。建议在“十三五”时期，在重点优势地区开展立足粮食生产的国别规划，有的放矢地拓展和守候农业投资机会。

4. 战略高度。农业走出去战略应该服务国内粮食安全大局。需要明确，利用外部资源发展农业生产要遵循成本效益的市场规则，但是绝不是以“赚钱”为首要目的，这也决定了外部粮食生产最终要把粮食运回来。这一点与中国石油走出去战略明显不同。中国的石油走出去战略在从国外获得油气权益后，所生产的的油气产品多数在当地或国际市场销售，运回国内只是小部分。这主要是考虑运输成本和当地的法律限制。中国利用外部农业资源生产的粮食，除用于打压国际粮食价格的特殊需要外，一般都应运回国内消费。

（五）以“问题导向”解决困扰农村发展的难点

困扰中国农村发展的难点问题有很多，有些是已经解决过了，但有些地方没有完全解决好，比如村村通工程；有些在现阶段政府根本就无力彻底解决，比如农村养老保险问题；还有些政府正在着手解决。下面所选取的问题主要是在“十三五”时期迫切需要解决的，或现有政策体系中还存在盲点。

1. 贫困问题。按照政府的规划，到 2020 年在全国范围内要彻底消除绝对贫困人口，这一任务十分艰巨。我们针对现有政策体系提出三点建议。首先，要下大力气做实扶贫人口信息系统的数据质量，让入库贫困人口真实、可靠。其次，对于那些经过长期扶持仍难以脱贫的人口，应该考虑通过财政出资购置具有现金回报的资产的方式增加收入。在实际工作中发现，有一些扶贫对象始终“扶不起来”，可以考虑政府购买光伏发电权益、树苗、旅游资源权益等保障其有必要的现金回报。最后，在精准扶贫理念下，应该在下放扶贫项目审批权力的同时明确地方各级政府的监管职责，避免改革过渡阶段出现“监管空窗期”。

2. 流动人口问题。首先，在中央层面根据不同城市类型分档确定流动人口可以享受的城市基本公共服务包，从需求角度分阶段提升流动人口享受城市公共服务水平。其次，改革现有针对流动人口公共服务的转移支付制度，按照统计部门抽样统计分析得出的规模给予城市相应的转移支付。

3. 农村存量基础设施改造问题。长期以来，我们的公共投资政策更多地关注从无到有，可是对农村存量基础设施更新改造却明显关注程度不足。从 21 世纪初中国开始连续出台强农惠农政策后，新建的道路、水利、校舍等基础设施在“十三五”将达到近 20 年的使用寿命，有些已经开始出现维修改造的需要。建议“十三五”时期，中央和地方安排涉农公共投资项目应该重点关注存量基础设施的更新改造。

“十三五”时期产业结构调整的方向和政策

文宗瑜 等

摘 要：

本报告以世界消费模式转变与新一轮世界工业革命的大背景为切入点，着眼一产结构性供给不足及受到落后的农业生产关系束缚、二产产能严重过剩及国际国内新需求新消费的无法满足、三产发展空间大但受到服务水平低服务质量差的拖累，提出“十三五”时期产业结构调整的方向及新产业组织形态。与新产业组织形态相适应，在产业升级路径设计上，以互联网尤其移动互联网作为产业升级的载体、以二产支持三产加快发展并打通二产三产连接的通道、以技术创新加快与吸收新一轮世界工业革命成果而助推产业升级、以“一带一路”投资战略与加大对欧美经济发达体投资力度支撑产业升级。“十三五”时期产业结构调整及升级，除了进行产业方向调整及新产业组织形态打造，还要相应推动各项配套改革和进行政企关系调整与机制转变。

关键词：
经济转型　产业升级　科技创新

"十三五"时期产业结构调整既面临着后全球金融危机时代的世界消费模式及消费结构根本性转变、美国以新型制造业与德国工业4.0版联手拟启动新一轮世界工业革命的国际新经济环境，又面临着中国经济转型遇阻及国际市场大份额丧失、中国经济下行压力不断加大的国内低迷经济形势。本报告以世界消费模式转变与新一轮世界工业革命的大背景为切入点，着眼一产结构性供给不足及受到落后的农业生产关系束缚、第二产业产能严重过剩及国际国内新需求新消费的无法满足、第三产业发展空间大但受到服务水平低、服务质量差的拖累，提出"十三五"时期产业结构调整的方向及新产业组织形态，定位于一产从产量和规模向质量和效率转变及发展现代农业、二产向智能化与个性化制造转变并打造数字工业模式、三产以现代服务业拓展增长空间并培育消费性服务业。与新产业组织形态相适应，在产业升级路径设计上，以互联网尤其移动互联网作为产业升级的载体、以二产支持三产加快发展并打通二产三产连接的通道、以技术创新加快与吸收新一轮世界工业革命成果而助推产业升级、以"一带一路"投资战略与加大对欧美经济发达体投资力度支撑产业升级。"十三五"时期产业结构调整及升级，除了进行产业方向调整及新产业组织形态打造，还要相应推动转变政府职能及取消政府审批事项改革的继续深化、铁路公路港口管控模式转变及降低物流成本的改革、能源管理机制及能源价格市场化的改革、为降低实体经济融资成本的金融改革等各项配套改革，还要进行政府企业关系调整与机制转变，具体而言，政府不再直接确定GDP增长速度且不再片面支持企业做大规模、政府产业规划着眼长远方向并弱化对企业产业行为的直接引导、政府由直接促进产业发展而转到管控企业负面参数、政府由补贴企业转到补贴市场环境改善、政府既要支持企业技术创新应用更要支持国家基础性科研。

一、"十三五"时期产业结构调整的国际大背景与国内背景

在2008年全球金融危机爆发之际，以产业结构调整及升级为核心内容的经

济转型要求已经凸显。在全球金融危机即将结束之际的后全球金融危机时代，中国“十三五”产业结构调整及升级既面临着全世界消费模式及消费结构根本性转变、美欧拟联手启动新一轮世界工业革命的国际大背景，也面临着中国经济持续多年高增长所依赖的出口增长突然大幅度回落及国际市场大份额丧失的压力。

（一）后全球金融危机时代的世界消费模式及消费结构根本性转变

2008 年全球金融危机所带来的影响不仅仅是拖累世界经济增长，其更大更深层次的影响是世界消费模式及消费结构的改变。世界消费模式的转变与传统消费模式的根本性区别体现在其与互联网、高科技、个性化的关联程度更高、更密切。世界消费结构也由传统的低附加值、物质型的消费转变非物质型消费和高附加值的物质型消费相结合的消费结构。后全球金融危机时代的世界消费模式及消费结构的根本性转变带动了全球新需求新消费的迅猛增长。2012 年以来，这种新需求新消费无论在发达国家还是发展中国家，都呈现持续增长的态势。

世界消费模式及消费结构转变带来的新需求新消费与科技创新及个性化满足相关联，无论是对产品的新需求还是对服务的新需求，往往都打上了更高的科技创新附加值烙印和个性化色彩。世界消费模式及消费结构转变带来的新需求新消费带有明显的跨产业特征，模糊了三大产业的边界；顺应世界消费模式及消费结构转变而提供新产品新服务的企业，其产业属性越来越弱，企业往往既是产品供应商，又是服务供应商；从 2012 年以来增长较快的自动化装备、智能机器人、无人机、移动终端、微芯片等新供给看，依托互联网与大数据的服务附加值越来越高。中国“十三五”时期产业结构调整及升级必须盯紧世界消费模式及消费结构的根本性转变，通过产业结构调整及升级加大新供给，满足新需求新消费。

（二）美国以新型制造业与德国工业 4.0 版联手拟启动新一轮世界工业革命

对于后全球金融危机时代的消费结构及消费模式转变，经济发达体的某些国家似乎先知先觉，这些国家在采取措施应对危机的同时，还加快经济转型并加大经济转型的力度，从供给着手，顺应新需求新消费，推动新供给增长。美国在次贷危机中推出的新型制造业战略，德国在欧债危机中实施的工业 4.0 战略，不仅在应对金融危机方面发挥了作用，帮助消化金融危机给本国经济带来的负面影响，而且在后全球金融危机时代实现了新供给的增长，使其成为美德经济复苏中的新经济增长点。

美国新型制造业战略和德国工业4.0战略对美德经济复苏的拉动作用十分明显。然而，美德似乎并不满足新型制造业与工业4.0版对经济复苏和经济增长的拉动，还试图以此相互支撑联手启动新一轮世界工业革命。美国以新型制造业与德国工业4.0版联手拟启动的新一轮世界工业革命会导致新一轮的世界分工。中国“十三五”时期产业结构调整及升级要高度关注有可能发生的新一轮世界工业革命及新一轮世界分工，立足通过产业结构调整及升级抢占更多产业国际竞争制高点。

（三）中国经济转型遇阻及国际市场的大份额丧失

中国在全球经济危机爆发前已着手经济转型，但是，从与欧美等经济发达体经济转型进程的对比看，中国经济转型的进程较为缓慢；就中国经济转型的实际推进来看，遇到了较大的阻力，其中最大的阻力来自于产能严重过剩及实体经济成本的大幅上涨。与中国经济转型遇阻相伴随，中国当下在国际市场上面临着出口及进出口增速逐年降低、国际市场份额不断丧失的严峻挑战，就统计数据看，某些行业甚至出现了大多数市场份额丧失的现象（见图1）。

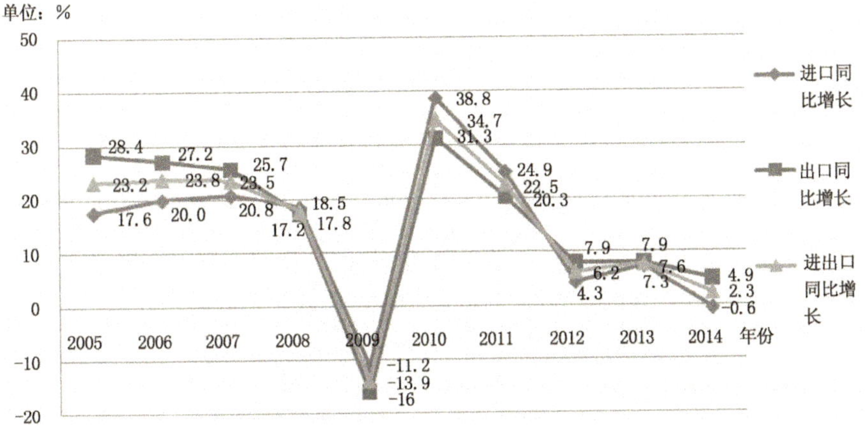

图1　2005—2014年中国进口与出口及进出口同比增长趋势图

从图1中可以看出，2005—2014年的十年间，中国的出口、进口及进出口增长速度以2012年为时间分界，自2012年开始较大幅度回落，2014年回落幅度完全超出预期。2014年，出口、进口、进出口增速均跌至十年间最低水平。

2014 年中国出口、进出口同比增长仅为 4.9%、2.3%，与 2005 年相比，分别回落了 23.5 个百分点、20.9 个百分点；与十年间的历史最高点即 2010 年相比，分别回落了 26.4 个百分点、32.4 个百分点。从趋势看，2015—2020 年，中国的出口、进出口增速回落空间已经很小；但会较长时间在低位区间震荡。中国出口及进出口增速的大幅下降，意味着中国国际市场的大份额丧失。中国“十三五”时期产业结构调整及升级必须考虑如何改善出口、进出口增长，如何以新供给重振国际市场。

二、产业结构现状及产业发展面临的问题

产业结构调整自“十五”以来，一直受到政策支持，“十一五”与“十二五”期间又进一步加大了结构调整的政策力度；但是，产业结构问题仍然十分严重，既有一产二产三产结构严重失衡的问题，又有各产业内部结构失衡的问题。就一产二产三产的产业结构现状及存在的问题而言，一产发展面临的问题主要体现为结构性供给不足及农业生产关系落后；二产发展面临的问题主要体现为大多数行业产能严重过剩及产能无法满足国际国内的新需求新消费；三产发展面临的问题主要体现为占比水平低及服务水平低服务质量差。

（一）一产的结构性供给不足及受到落后的农业生产关系束缚

一产的结构性供给不足主要表现为低端产品过剩、中高端产品缺口大。这种结构性供给不足，会导致中国的低端产品缺乏市场竞争力，而中高端产品则大量依赖进口，给一产的发展带来严重阻碍。造成一产结构性供给不足的主要原因是中国现阶段的农业生产关系较为落后；目前，中国农业生产关系的实现形式是家庭联产承包责任制，与发达国家的现代农业相比，这种农业生产关系相对落后，束缚着农业生产效率的提高。

1. 中高档农畜牧乳产品的对外依存度高。虽然中国的耕地及牧场的相对面积较大，并且国家政策也鼓励支持农业及畜牧业的发展，但从产出来看，中国的农畜牧乳产品以低端产品为主，而中高档产品缺口较大。这就导致长期以来中国的中高档农畜牧乳产品依赖外国的进口。数据显示，近 5 年中国牛肉、羊肉进口量年均增速超过 40%，尤其是牛肉进口量的年均增速高达 115%。高档农畜牧乳

产品的进口额不断增长，对外依存度越来越大。中高档农畜牧乳产品长期依赖进口，一定程度上制约了一产的转型升级，不利于其长期稳定发展。

2. 农业及农畜牧乳产品几乎没有国际竞争力。受一产结构性供给不足的影响，中国的农业及农畜牧乳产品在国际市场上缺乏竞争力，既难以与发达国家的农业及农畜牧乳产品进行竞争，也难以与周边的发展中国家相竞争。中国的农业及农畜牧乳产品缺乏国际竞争力主要表现在以下几方面：一是农业及农畜牧乳产品价格高，造成国际国内产品价格倒挂，不仅与周边国家如印度、巴基斯坦、泰国、缅甸、俄罗斯等形成产品价格倒挂，还与美欧等发达国家的产品价格倒挂；二是农业及农畜牧乳产品污染残留严重，质量较低；三是农业及农畜牧乳产品的成本高，主要体现为土地成本高（受小片经营与有偿流转等因素的影响）、物流成本高、流通过程中损耗大等。

3. 落后的农业生产关系束缚着农业效率及农畜牧乳产品质量的提高。着眼于推动农业发展的家庭联产承包责任制，拉开了中国改革开放的序幕。在一段时期内，这种农业生产关系实现形式推动了一产的加速发展。但是，随着中国市场经济进程的加快，家庭联产承包责任制已经难以满足现阶段生产力发展的需求，甚至成为拖累农业效率及农畜牧乳产品质量提高的主要因素。落后的农业生产关系对农业效率及农畜牧乳产品质量的影响主要包括三方面：一是一产投入不足。家庭联产承包责任制以家庭为单位进行生产经营，对一产投入的资金、技术等严重不足，难以推动一产的升级及产业创新。二是科学技术无法大范围应用推广。受家庭联产承包责任制的制约，耕地、牧场等通常为小片经营，既不利于现代农业装备的推广使用，也不利于先进农业科技的应用。三是生产者缺乏积极性。由于投入产出比例失调，生产者往往缺乏生产积极性，甚至导致一些农业用地闲置、搁荒，降低了一产的资源配置效率。

（二）二产的产能严重过剩及国际国内新需求新消费的无法满足

与二产过高的产业占比相对应，是二产各行各业的产能严重过剩。在某种意义上，二产产能的严重过剩，不仅抑制了其自身的产业升级，而且还拖累了全社会新供给增长及供给结构调整。可以说，新供给不足及供给结构调整迟缓比二产产能过剩对经济增长造成的拖累更大。

1. 二产产能过剩既包括传统行业也涉及若干朝阳行业。持续多年的工业化进程不断加快，导致了二产绝大多数行业的产能过剩。从截至2014年底的数据看，二产中有58个行业产能过剩，约36个行业产能过剩超过70%，7个行业产能过剩超过300%，还有的行业产能过剩超过1000%。这些产能严重过剩的行业，既包括了钢铁、水泥、平板玻璃等传统行业，也包括了光伏、风电、LED等朝阳行业。值得注意的是，在产能严重过剩的行业中，某些企业在地方政府的支持下还在盲目的扩大生产规模，进一步加剧了二产产能的过剩。无论是传统行业的产能严重过剩，还是朝阳行业的产能严重过剩，往往会形成全行业的亏损，导致资源的严重浪费。因此，解决二产产能严重过剩的问题，既是二产产业转型升级的必然要求，也是中国经济转型的迫切需求。

2. 严重过剩的二产产能拖累了国际国内新需求新消费的有效满足。二产产能严重过剩除了拖累其自身的产业升级，其最大的影响是无法满足后全球金融危机时代的世界新需求和国内新需求。就全球金融危机所导致的世界消费模式及消费结构根本性转变而言，中国在后全球金融危机时代的经济转型应主要是着眼国际国内新需求新消费而加大新供给，但是，新供给增长受到产能严重过剩的拖累。由于产能过剩行业或领域往往规模大、投入多，导致其占用了大量的金融资金等资源，抑制了资本向新供给领域的转移，一定程度上制约了新供给领域的发展。面对二产产能严重过剩的现状，一方面要大力推动产能过剩行业内的企业进行转型升级，使其向新供给领域转型；另一方面，通过兼并重组等方式实现产能过剩行业的整合，进一步缩减产能，节约投入成本及资源，为新供给领域的发展提供支持。

（三）三产的发展空间大但受到服务水平低服务质量差的拖累

与世界其他国家的三产占比情况相比，中国三产的占比既低于发达国家水平，也低于世界平均水平。三产占比水平低，意味着三产的发展空间较大。但是，三产的发展必须解决其服务水平低、服务质量差的问题，才能提升三产的需求增长与价值增长。

1. 三产的占比低于发达国家水平也低于世界平均水平。与工业化进程加快加速及受到重视相比，三产在一段时间中被忽视，三产增长缓慢，三产在产业结构中占比相对较低。与其他国家相比，中国三产的占比不仅低于发达国家水平，也低于世界平均水平。以2012年为例，数据显示，2012年三产占比的世界平均水平为63.6%；法国三产比重为79.8%，为世界各国中的最高水平；美国三产比重为79.7%，仅次于法国；德国、英国、意大利、荷兰、日本等一些发达国家的三产比重也均在70%以上；而中国三产的比重为44.6%。2012—2014年，虽然中国三产的比重有所提升，但增长速度仍相对缓慢，截至2014年年底，中国三产的比重为48.19%。由此可见，中国的三产占比水平仍旧较低，未来应大幅提升三产在国民经济中的比重。

2. 三产的需求增长与价值增长受到服务水平低服务质量差的拖累。随着生产力水平的大幅提高及居民收入的增长，三产的需求增长呈现持续加快的趋势。目前，中国三产的发展相对较慢且占比水平较低，未来有较大的增长空间。从三产的发展现状看，其主要问题是服务水平低、服务质量差，导致消费性服务水平得不到大幅度提高，现代服务业发展进程缓慢，进而抑制了三产的需求增长及价值增长。从服务需求升级的要求看，三产价值增长主要依赖附加值的提高。目前三产增长动力不足，仍无法充分满足经济转型的需求，三产中长期发展及大幅增长仍受三产的服务水平低、服务质量差的拖累，服务附加值较低，难以满足现代消费的新需求。与此同时，在三产结构中，仍以物质性消费为主，服务性消费水平得不到大幅度提高，使三产的结构难以得到有效的改善。

三、产业结构调整的方向及新产业组织形态

在后全球金融危机时代，中国“十三五”产业结构调整不只是为了解决二产产能严重过剩及一二三产结构不合理的问题，还要解决供给结构调整及新需求新消费的供给满足问题。因此，要着眼世界消费模式及消费结构根本性转变、新一轮世界工业革命所导致的新一轮世界分工及国际产业竞争新格局，确定“十三五”产业结构调整的方向，打造一产二产三产的新产业组织形态。

（一）一产从产量和规模向质量和效率转变及发展现代农业

基于国家粮食安全及中国人口众多的现实情况，一产政策长期以产量增长及规模扩大为导向，在很长一段时期内对一产产品质量及生产效率的重视不足。“十三五”时期，一产的结构调整方向应从产量和规模向质量和效率转变，不再片面追求产量的增加及规模的扩大，而更重视产品质量的提高及效率的提升。与

此同时，要适时推动家庭联产承包责任制深层次改革，调整农业生产关系，大力发展现代农业，使现代农业成为“十三五”时期的新农业组织形态。

1. 农业结构调整的方向从产量和规模向质量和效率转变。一产所解决的不仅仅是中国 13.6 亿人口的“吃饭”问题，还涉及对消费升级与消费增长拉动的问题。中国经过 35 年的改革开放，已经基本完成了住房、穿戴、汽车等三个方面的升级，未来的第四个消费升级是“吃饭或饮食的消费升级”，解决绝大多数人吃的卫生、安全及健康的问题。想要实现“吃饭或饮食的消费升级”，依赖农产品质量的提高及农业生产效率的提升。因此，“十三五”时期农业的发展大方向是推进现代农业的发展，使农业发展从产量和规模转到质量和效率，从而在确保产量的同时，大幅提高农产品的质量，为中国吃饭或饮食消费升级提供卫生及安全保障。为了提高质量和效率，首先要加大对农业的投入力度，尤其要加大科学技术、资金等要素的投入，提升农业及农畜牧乳产品的附加值，减少低端产品的产量，并提升中高档产品的产量；其次，要逐渐转变现有家庭联产承包责任制下的经营模式，实现农业的规模化与集约化生产经营，加大农业装备化进程及水平，大幅提升农业的生产效率；最后，要发展农业及农畜牧乳产品的全冷链物流，完善输配产业链，为农业及农畜牧乳产品的高效流通创造条件。

2. 把现代农业作为“十三五”时期的农业组织形态。随着中国经济的快速发展，传统的农业生产关系已经难以适应现阶段产业转型升级的要求，甚至成为农业转型升级及加快发展的制约因素。“十三五”时期，想要实现农业结构的根本性调整，提升其质量和效率，就必须调整现阶段落后的农业生产关系，把现代农业作为新的农业组织形态。所谓现代农业，是指应用现代化的农业装备、农业科技、农业工艺、农业形态等，依托农业物联网，实行专业分工并对土地实行规模化集中经营管理，从而提升农业生产效率，提供更高质量、更加安全的农产品。现代农业作为新型的农业组织形态，其特征主要体现在种子技术、智能农装、农业信息化及全冷链物流等方面。现代农业已被世界发达国家所普遍应用，与传统的农业组织形态相比，现代农业强调土地的集中规模经营、农业自动化程度的提高及科学技术的广泛应用等，有利于农业的可持续发展。

（二）二产向智能化与个性化制造转变并打造数字工业模式

随着中国工业化进程的不断加快，中国已经发展成为工业大国，却不是工业强国。整体而言，中国工业还不具备较强的国际竞争力，既面临着美德联手启动新一轮世界工业革命的外部压力和挑战，也面临着国内二产产能严重过剩的拖累。从某种意义上说，二产结构调整的压力更大，是产业结构调整及升级的重中之重。二产的结构调整应围绕智能化制造展开，强调工业的智能化与个性化，要把数字工业模式打造成为工业升级的新组织形态。

1. 智能化与个性化制造应该成为工业结构调整的方向。从世界消费模式及消费结构根本性转变所带来的新需求看，工业的规模化优势与标准化优势受到挑战，以互联网为支撑的新材料使用、以机器人替代人工的智能化制造、依托大数据的个性化制造成为未来工业发展的大方向。中国工业发展的片面追求规模化，导致诸多行业产能严重过剩及诱发的行业内价格战等不良竞争，阻碍了中国工业的转型升级，拖累了中国经济的转型与发展。从世界消费模式及消费结构转变、新一轮世界工业革命兴起等国际大背景看，未来工业的发展方向将以智能化制造为主。中国作为世界第二大经济体，想要更好的参与国际竞争，就必须调整工业结构，实现工业转型与升级。着眼有效满足国际国内的新需求新消费，中国工业结构的调整方向应向智能化与个性化制造转变。

2. 数字工业模式应该成为工业升级的新组织形态。工业结构调整以智能化与个性化制造为方向，意味着网络技术将广泛应用到工业制造中。因此，应该把数字工业模式打造成为工业升级的新组织形态，使制造业与互联网、个性化需求相融合。数字工业模式是未来国际国内工业发展的必然趋势，也是新一轮世界工业革命的要求。德国工业 4.0 概念的提出者之一瓦尔斯特说认为，“德国工业 4.0 是‘新一代智能工厂计划’，以物联网为基础。这意味着网络进入工厂大生产，是一个崭新的工业制造方式。过去是以中心控制指挥系统，每一分钟对机器发出指令。现在我们有了完全不同的生产结构，按照商品所附带的信息，由这些信息告诉机器需要什么样的生产过程，以制造出符合客户要求的产品。所以，工业 4.0 是第四次工业革命，因为这是向符合个体化需求的大生产方式转变。”由此可见，数字工业模式的应用，将实现个性化需求与工业制造的融合，这种“智能工厂”能够最大程度的满足客户需求，符合消费模式与消费结构转变的新需求。

（三）三产以现代服务业拓展增长空间并培育消费性服务业

由于三产占比水平低，其具有更大的增长空间。在三产的结构调整中，既要着眼于现代服务业的发展，也要强调服务附加值的提升。与此同时，还要推动三产产业结构的优化与升级，培育消费性服务业，使消费性服务业成为三产产业升级的新组织形态。

1. 以加快现代服务业发展作为三产结构调整的方向。从三产的发展现状及趋势看，三产的拓展空间较大，其占比水平将不断提升。在提高三产占比水平的过程中，应把三产的消费性凸显出来，逐渐提高服务性消费支出在居民家庭支出中的比重。可以说，服务性消费支出的增长，对居民生活质量的提高及国民素质的提升具有十分重要的意义。想要拉动服务性消费的增长，就必须大力发展现代服务业。因此，“十三五”时期三产结构调整应把现代服务业的发展作为大方向。现代服务业的快速发展，离不开二产尤其是转型升级后的智能化与个性化制造业的支持，这就要求加大二产对三产的技术及设备等支持力度；同时，现代服务业还需要充分依托互联网尤其移动互联网，这就要求加快互联网技术的发展，以快捷的通讯网络及移动终端为现代服务业提供技术支持。

2. 消费性服务业应成为三产产业升级的新组织形态。三产发展的核心是满足消费需求，而推动消费增长的动力是发展现代服务业。在过去的一段时期内，对三产的消费需求主要以物质性消费为主，因此物质性服务业得到较快的发展，并成为拉动三产增长的主要动力。随着经济发展及物质性供给的增长，物质性消费逐渐得到满足，物质性服务业对三产增长的拉动作用逐渐降低。因此，“十三五”时期应该大力发展消费性服务业，使消费性服务业成为三产产业升级的新组织形态，从而推动三产的产业升级及快速发展。消费性服务业的快速发展，要求要实现服务升级，大幅提升服务水平与服务质量，并进一步提高服务附加值。

四、产业升级路径及其配套的改革措施

一产二产三产结构及各产业内部结构的调整，是为产业升级创造条件，产业结构调整必须瞄准产业升级的目标。在产业升级路径选择及设计上，既要关注互联网及移动互联网高速成长的背景，又要满足二产三产通道如何打开的要求，还要考虑新一轮世界工业革命成果的吸收，更要用好“一带一路”投资战略与加大欧美经济体投资力度的支撑。为确保产业升级路径的畅通，还要采取相配套的改革措施。

（一）“十三五”时期实现产业升级的路径

产业升级路径的选择及设计，要兼顾互联网尤其移动互联网、产业贯通、科技创新、投资增长等要素的协同协调，以实现产业升级的顺利推进。

1. 以互联网尤其移动互联网作为产业升级的载体。从全球互联网经济的发展及互联网的特征来看，发达国家把互联网尤其移动互联网作为产业升级的载体。具体而言，发达国家的互联网尤其移动互联网是支撑产业升级的载体，并发挥着产业融合的作用。这种产业融合既包括二产与三产的融合，也包括一产与三产的融合。从当下中国互联网发展现状看，大多数互联网公司试图把互联网当做一个相对独立的产业来发展，梦想打造一产二产三产以外的“第四产业”，如果按这一思路推进，很容易导致互联网经济的空心化。产业升级离不开互联网尤其移动互联网，应把互联网尤其移动互联网作为产业升级的载体，通过互联网尤其移动互联网的应用，实现各产业之间的对接与渗透。将互联网尤其移动互联网作为产业升级的载体会带来两方面的影响：一是能够强化互联网时代各细分行业的创新动力；二是能够实现各产业之间尤其二产与三产之间的相互贯通，有利于各产业的升级与发展。强调以互联网尤其移动互联网作为产业升级的载体，是以互联网尤其移动互联网实现各产业要素的充分互联，改变资源配置模式，提高资源配置效率。

2. 以二产支持三产加快发展并打通二产三产连接的通道。在产业结构调整中，与一产二产相比，三产的发展空间更为广阔。三产的产业升级，其重点是加快现代服务业的发展。而发展现代服务业，需要二产为其提供两方面的支持，一是技术支持，比如，三产中电影行业的发展需要二产提供3D技术等，医疗行业的发展也需要二产提供先进的医疗技术；二是装备或设备支持，比如，医疗、金融等行业，需要二产为其提供先进的医疗仪器、金融终端等设备支持。“十三五”时期，为了推动现代服务业的快速发展，要加快二产尤其是智能化与个性化制造的发展，并打通二产与三产之间的连接通道，进而打破二产与三产之间的界限，建立横跨二产与三产的新型公司。在某种意义上，三产以二产为依托，而三产的发展也将带动二产的发展与转型升级，实现协同促进与发展。

3. 以技术创新加快与吸收新一轮世界工业革命成果而助推产业升级。中国“十三五”时期的产业结构调整，是为了充分满足世界消费模式与消费结构根本性转变所带来的新需求。而世界新需求以科技为导向，这就要求加快技术创新的进程。技术创新进程的加快，可以从两个方面入手：一是加大对科技的投入，鼓励支持技术创新，加快科技成果的转化应用及推广；二是吸收新一轮世界工业革命的科技成果。美国、德国等发达国家已经在即将到来的新一轮世界工业革命中先行一步，实现了多个领域科技创新及成果应用，中国要及时吸收这些当下先进的科技成果，并将这些科技成果转化为生产力，为产业升级提供助力。

4. 以“一带一路”投资战略与加大对欧美经济发达体投资力度支撑产业升级。产业结构调整及升级离不开增量投资，增量投资既改变供给，又拉动需求。“一带一路”（即“丝绸之路经济带”与“21 世纪海上丝绸之路”的简称）投资战略着眼于以部分存量产能消化而拉动供给结构调整。“一路一带”投资战略的实施，既有利于中国新的外交格局的形成，也有利于某些过剩产能的消化。因此，未来产业结构调整尤其二产的结构调整要与“一路一带”投资战略相结合；但是，产业结构调整与“一路一带”投资战略的结合，并不是简单的消化过剩产能，而是要与技术创新、新工艺相融合。与此同时，通过加大对欧美等经济发达体的投资力度既能增加世界新供给，又能拉动国内新需求。在对欧美等经济发达体投资的过程中，要把投资与学习美国德国等国家的先进技术结合起来，分享其在启动新一轮世界工业革命中取得的科技新成果，进而推动产业升级。

（二）“十三五”时期支持产业升级的配套改革措施

产业升级离不开政府的政策支持。为支持“十三五”时期的产业升级应有相应的配套改革措施。具体而言，配套的改革措施既包括转变政府职能及取消政府审批事项，也包括转变铁路公路港口的管控模式及降低物流成本，还包括推进能源管理机制及价格改革与推进金融改革。

1. 转变政府职能及取消政府审批事项改革的继续深化。到目前为止的转变政府职能改革主要是解决一些浅层次的问题，未来改革还需进一步深化。在“十三五”时期，应继续深化政府职能转变及政府行政审批事项的改革，实行简政放权，进一步减少或取消政府的审批事项，政府尽可能不介入市场竞争及企业运营，也包括不介入国有资本及国有企业运营，要通过深化国资管理体制改革实现政企分离、政资分离、资企分离。转变政府职能及取消政府审批事项，有利于弱化政府对经济的行政干预，进一步完善市场经济的竞争机制，倒逼部分依赖政府支持的企业进行转型升级，从而加快产业升级的进程。

2. 铁路公路港口管控模式转变及降低物流成本的改革推进。铁路公路港口管控模式与物流成本高低有直接关联性。目前，中国已经成为全球物流成本最高的国家之一。近几年，中国的物流成本占 GDP 的比重维持在 18% 上下，比世界平均值高出 6.5 个百分点，比美国、日本、德国的平均值高出 9.5 个百分点，甚至比印度、巴西等国家也高出 6 个百分点。高物流成本的影响因素主要为收费公路、铁路公路港口高财务杠杆率的融资模式及国有主导的经营模式。为此，“十三五”时期应转变现有的铁路公路港口等交通运输的管控模式，推进物流管理体制改革，以提高物流配送的效率，并降低物流成本。具体而言，应以市场化为导向，转变铁路公路港口的管控模式，允许民营资本进入上述领域，打破国企垄断或绝对控制的现状。在某种程度上，降低社会物流总成本是中国经济发展模式转变的重要标志，也是产业升级的前提条件。

3. 能源管理机制及能源价格市场化的改革推进。在实体经济的成本构成中，能源成本占比较高，尤其是二产的能源成本往往高达总成本的 1/4—1/3。较高的能源成本不仅制约了实体经济的快速发展，也拖累了产业升级进程的加快。因此，“十三五”时期要重点解决能源成本过高的问题，通过能源管理机制及能源价格市场化改革的推进，降低能源的成本。就能源管理机制改革而言，可以借鉴美国、德国等发达国家的做法，实行合同能源管理机制，既符合市场化要求，也有利于降低运行成本，还符合国家节能减排的政策要求。就能源价格机制改革而言，应以中共中央十八届三中全会决议对能源领域价格改革的要求为基本目标和方向，“推进水、石油、天然气、电力、交通、电信等领域价格改革，放开竞争性环节价格。”这就意味着，要逐步改变现行的政府定价机制，采取市场化方式确定能源价格。

4. 为降低实体经济融资成本的金融改革推进。自亚洲金融危机以来，中国持续为提升金融业抗风险能力的政策倾斜与行政支持，使金融尤其银行金融业转变成为最“赚钱”的行业。但是，作为虚拟经济一部分的金融业，其最强的盈利能力，是来自其对实体经济利润的过大分割与过多占有。能否降低实体经济融资成本，直接关系到产业能否升级。“十三五”时期的金融改革，应以金融为实体经济服务为原则和标准，其目的是如何降低实体经济的融资成本。以降低实体经济融资成本为目的的金融改革，可以从以下几方面推进：一是减少政府审批事项尤其是前置性审批事项，鼓励并支持金融创新；二是强化金融领域的业务转型及机构整合，改善金融市场环境；三是依托互联网和大数据而扩大金融服务的广度和深度。这些金融改革措施将加强金融对实体经济的服务力度，不仅有利于实体经济融资成本的降低，也为中国的经济转型及产业升级创造条件。

五、产业升级所要求的政府企业关系调整与机制转变

企业是产业的载体，产业升级要求企业能够按市场要求进行转型。但是企业转型，往往受到政府企业关系的影响甚至束缚。因此，“十三五”时期产业结构调整及升级，必须有政府企业关系调整与机制转变的支持及推动。就政府企业调整与机制转变而言，只能按使市场在资源配置中起决定性作用的内在逻辑推进。

（一）政府不再确定 GDP 增长速度且不再片面支持企业做大规模

除中国之外，全世界几乎没有任何国家或地区对 GDP 增长做出明确的目标性规定。政府规定 GDP 增速指标，必然导致政府干预经济运行，且往往会片面地支持一些企业尤其是大型或特大型国企盲目扩大规模，使得其他企业尤其是民营企业难以公平的参与市场竞争。与此同时，在政府主导的 GDP 增长速度下，企业往往过分追求规模的扩张及产量的增长，而忽略了产品质量的提高及效率提升。在社会主义市场经济体制下，市场化是企业的内在要求，也是产业升级的内在机理。这就意味着，“十三五”时期，政府应尝试取消 GDP 增速的规定，减少对经济运行的行政干预，不再以行政力量干预企业发展与片面支持企业做大规模，使企业遵循市场化的竞争机制，公平参与国际国内市场竞争，真正打造一批具有国际竞争优势的不只是大，而是兼具优、强、精特质的企业集团。

（二）政府产业规划着眼长远方向并弱化对企业产业行为的直接引导

政府对产业规划及企业行为的引导应是方向性的，而不应罗列具体的行业或项目。一旦在产业规划中罗列十分具体的行业或项目，将会导致政府对企业产业行为的直接引导，从而弱化了企业对产业升级的作用。在“十三五”时期，产业结构调整及产业规划应是原则性及方向性的引导，弱化对企业产业行为的直接

引导。在未来的政府产业规划中，应从各产业长期可持续发展的角度出发，不仅要着眼于未来5年的产业发展方向，而且要着眼于未来5—20年的长远方向。如“十三五”产业规划中国制造不是确定“中国制造2020”方向，而是要确定“中国制造2025”方向、甚至“中国制造2030”方向。与此相适应，政府不再对从事“中国制造”的企业提具体要求与具体目标。

（三）政府由直接促进产业发展而转到管控企业负面参数

从过去的实践经验看，政府支持并促进产业发展，最后往往落到对某些行业内大型或特大型企业的支持。“十三五”时期推动的产业升级，要求转变这种政策，政府不再直接促进产业的发展，也不再对大型或特大型企业进行直接的支持，而是转到对企业负面参数的管控。企业负面参数包括污染物排放、能耗等指标。政府以管控企业负面参数为主，可以有效监管企业的污染物排放及能耗等，使企业更加重视生产效率提升及清洁化生产，从而进一步倒逼企业进行转型升级，并向新产业领域转移。

（四）政府补贴由补贴企业转到补贴市场环境改善

为了扶持某一产业（或某一行业）的发展，政府通常以财政资金支持等方式对其实行补贴。在不同时期，无论是一产二产还是三产，都一定程度上享受了国家财政补贴。政府发放的财政补贴，往往直接落实到具体企业。如此补贴方式，虽然对产业或行业的发展有一定的推动作用，但从长远效果来看，既阻碍了市场竞争秩序的形成及完善，也导致部分企业过分依赖政府补贴，忽视对自身经营效率与盈利能力的提升，不利于企业的转型升级。除此以外，越来越多的政府补贴会加大财政负担，公务人员的“补贴寻租”现象会败坏社会风气与破坏公平竞争秩序。因此，“十三五”时期政府补贴应更多的投入到市场大环境的建设与改善，从而营造良好的市场竞争环境，为企业的长期发展创造外部条件。

（五）政府既要支持企业技术创新应用更要支持国家基础性科研

科技可分为科学研究、技术应用。其中，科学研究主要是指基础性科研，表现为重大或超前的研发；技术应用主要是技术创新的应用，表现为企业通过技术创新的应用提升竞争力。长期以来，政府对科技投入力度不断加大。从政府科技支持的做法看，政府对科技的投入支持主要表现为对企业技术创新应用的支持，通过财政资金支持等方式，鼓励企业进行技术创新及成果应用转化。“十三五”时期政府应转变科技支持的现有做法，既要支持企业技术创新应用，更要支持国家基础性科研，使更多的科技支持资金等投入到国家基础性科研活动中。对于企业的技术创新应用，可以借鉴美国、德国等发达国家的做法，采取市场化方式引导企业加大投入并自主承担风险，提升企业的自主创新能力。

《“十三五”时期产业结构调整的方向和政策》课题组

课题负责人：文宗瑜

课题组成员：文宗瑜　谭　静　宋韶君

课题执笔人：文宗瑜

“十三五”时期实施创新驱动发展战略的方向和重点

韩凤芹　樊轶侠　赵　伟

摘　要：

创新始终是推动一个国家、一个民族向前发展的重要力量。创新驱动是中国立足全局，面向未来的重要战略，创新驱动的重要性不言而喻。为实现创新驱动，党和政府高度重视，明确了创新驱动发展的目标和方向，出台了一系列改革体制机制的措施，这些系统性、综合性的改革举措，积极效应是可预期的。但是，改革方案的实施需要考虑环境主体的适应性，这既包括政府部门，也包括市场和社会创新主体，如何摆脱传统的思维惯势，重塑改革理念，改变行为方式，使全社会统一到创新驱动发展的战略上来，是“十三五”需要面对的重要任务。

关键词：

创新驱动　创新治理　趋势特征　战略方向

创新始终是推动一个国家、一个民族向前发展的重要力量。创新驱动是中国立足全局，面向未来的重要战略，创新驱动的重要性不言而喻。为实现创新驱动，党和政府高度重视，明确了创新驱动发展的目标和方向，出台了一系列改革体制机制的措施，这些系统性、综合性的改革举措，积极效应是可预期的。但是，改革方案的实施需要考虑环境主体的适应性，这既包括政府部门，也包括市场和社会创新主体，如何摆脱传统的思维惯势，重塑改革理念，改变行为方式，使全社会统一到创新驱动发展的战略上来，是“十三五”需要面对的重要任务。

一、客观认识创新驱动的现实基础

20 世纪 90 年代以来，伴随着经济的高速增长，中国的创新投入也呈现出超高速增长，2003—2013 年全社会研发内部支出中政府资金年均增速约为 20%。虽然部分领域出现了一些有国际竞争力的企业，互联网等新兴产业初具规模，但创新驱动的现实基础仍显薄弱，突出表现在以企业为主体的技术创新体系还没有形成，产业创新基础薄弱，高校和科研院所创新效率不高，政府创新治理能力仍较弱。

（一）企业创新能力弱

1. 企业创新意愿不强。衡量企业创新意愿的企业研发强度（即企业研发经费与主营业务收入之比）指标一直处于较低水平，2008—2013 年，中国规模以上企业研发强度在0.61%—0.8%之间徘徊（见表1）。美国、日本、德国等发达国家则普遍超过 2%，其中日本达到了 3.57%①。

表 1　　规模以上企业研发强度　　单位：亿元，%

项　　目	2008 年	2009 年	2010 年	2011 年	2012 年	2013 年
研发经费内部支出	3073.1	3775.7	3446.2	5993.8	7200.6	8318.4
研发经费内部支出与主营业务收入比	0.61	0.69	0.93	0.71	0.77	0.80

注：中国统计年鉴中 2010 年数据口径是大中型工业企业，其他年份使用的是规模以上工业企业，因此造成 2010 年研发强度与其他年份比差异较大。

资料来源：2014 年《中国科技统计年鉴》。

① 玄兆辉、吕永波：《中国企业研发投入现状与问题研究》，《中国科技论坛》2013 年第 6 期。

2. 企业自主创新能力弱。主要表现为：一是企业原始创新动力不足。企业对基础研究和应用研究缺乏积极性，投入少。2013 年中国企业研发费用为 9075.8 亿元，其中基础研究和应用研究经费仅为 249.2 亿元，占企业研发费用的 2.84%；规模以上工业企业研发费用 8318.4 亿元，其中基础研究和应用研究为 200.4 亿元，占 2.41%，并呈下降趋势（见表 2）。这意味着大中型企业仍然把主要精力用于模仿创新、集成创新等，原始创新动力不足。

表 2　基础研究和应用研究在企业研发费用中的占比　单位：%

年份	2000	2005	2011	2012	2013
企业			3.01	3.14	2.84
规上工业企业	5.42	5.74	2.51	2.68	2.41

备注：由于科技统计年鉴统计口径的变化，2000 年和 2005 年只统计了大中型工业企业的研发投入。

资料来源：2014 年《中国科技统计年鉴》。

二是研发资源分布不均衡，中小企业研发基础条件薄弱。2013 年企业研发人员和资金投入 90% 以上分布在规模以上企业，而有研发活动的规模以上企业比例较低，2013 年规模以上企业有研发活动的比重只有 14.83%。同时，为数众多的中小企业只拥有不足 10% 的研发人员和研发资金（见表 3）。

表 3　企业研发活动中规模以上企业占比表　单位：%

年份	2009	2011	2012	2013
研发人员	87.60	89.49	90.64	90.94
研发人员全时当量	87.77	89.39	90.65	91.00
研发内部支出	88.87	91.10	91.82	91.65
新产品收入与主营业务收入的比重	12.07	11.92	11.82	12.38
有研发活动的企业占企业的比重	8.48	11.50	13.70	14.83

资料来源：2014 年《中国科技统计年鉴》。

（二）产业创新基础较为薄弱

当前，中国制造业大而不强，从“中国制造”向“中国创造”的跨越还存在着多重挑战。具体表现在：一是缺乏原始创新。中国制造业主要通过模仿、学习、引进等方式向国外获取技术和商业模式，并逐渐形成路径依赖，追求收益稳定、风险偏好低，创新动力不足。从各行业的研发强度看（见表4），排名靠前的主要是：铁路、船舶、航空航天和计算机、通信和其他电子设备制造业，这些行业主要以国有企业为主，行业研发投入强度相对较大，产品更新速度快，很大程度上与政府投入有关。相应的，水的生产和供应业、电力、热力生产和供应业、黑色金属矿采选业、燃气生产和供应业、石油和天然气开采业等行业，具有一定的垄断性，竞争较弱，其经营主体可以通过规模效应、资源占位优势等因素获得竞争优势，行业研发动力不足。二是缺乏核心技术。中国制造在量上已经是全球第一，但主要工业品的核心技术和产品仍然需要进口，产业竞争力羸弱。中国是全球最大的钢铁、计算机、汽车生产国，但大部分的特钢、芯片、关键部件仍然依赖进口。七大战略性新兴产业在核心技术上几乎都有“软肋”，如太阳能产业制造能力已居世界首位，但核心技术专利和知识产权仍依赖国外。

表4　　　　各行业研发强度表（2013年）

	排序	有研发机构的企业占比	有研发活动的企业占比	新产品销售收入在主营业务收入中的占比	研发支出占主营业务收入的比重	试验发展支出在研发支出中的比重
铁路、船舶、航空航天和其他	1	17.7%	21.2%	30.8%	2.4%	97.6%
计算机、通信和其他电子设备制造业	2	23.7%	31.6%	30.7%	1.6%	95.7%
汽车制造业	3	16.2%	21.6%	25.3%	1.1%	97.4%
电气机械和器材制造业	4	20.6%	26.8%	22.5%	1.3%	98.8%
化学纤维制造业	5	19.1%	19.9%	21.4%	0.9%	99.7%
仪器仪表制造业	6	29.1%	40.0%	19.8%	2.0%	98.2%
烟草制品业	7	26.9%	43.8%	19.2%	0.3%	91.1%
专用设备制造业	8	20.3%	26.9%	18.0%	1.6%	98.6%
医药制造业	9	28.3%	37.8%	17.6%	1.7%	98.2%
通用设备制造业	10	17.6%	22.8%	16.7%	1.3%	98.8%

续表

	排序	有研发机构的企业占比	有研发活动的企业占比	新产品销售收入在主营业务收入中的占比	研发支出占主营业务收入的比重	试验发展支出在研发支出中的比重
化学原料和化学制品制造业	11	15.4%	19.8%	11.9%	0.9%	98.1%
纺织业	12	9.6%	9.7%	11.2%	0.4%	99.4%
有色金属冶炼和压延加工业	13	13.3%	17.1%	11.0%	0.6%	98.2%
造纸和纸制品业	14	6.0%	8.4%	10.7%	0.7%	95.7%
橡胶和塑料制品业	15	9.2%	12.0%	10.5%	0.7%	99.4%
黑色金属冶炼和压延加工业	16	9.3%	10.7%	10.5%	0.8%	98.6%
金属制品、机械和设备修理业	17	11.0%	15.9%	10.2%	0.8%	99.9%
金属制品业	18	9.8%	12.9%	8.2%	0.7%	98.0%
其他制造业	19	7.3%	10.6%	8.2%	0.7%	99.6%
纺织服装、服饰业	20	6.9%	6.7%	7.6%	0.4%	99.4%
酒、饮料和精制茶制造业	21	8.9%	11.0%	7.4%	0.5%	94.2%
印刷和记录媒介复制业	22	7.6%	9.1%	7.3%	0.5%	99.3%
文教、工美、体育和娱乐用品制造业	23	9.3%	11.1%	6.8%	0.4%	99.6%
石油加工、炼焦和核燃料加工业	24	8.6%	12.1%	6.5%	0.2%	97.5%
食品制造业	25	9.5%	12.5%	5.9%	0.5%	98.6%
家具制造业	26	5.0%	6.7%	5.9%	0.3%	99.7%
皮革、毛皮、羽毛及其制品和制鞋业	27	5.7%	5.6%	5.8%	0.3%	99.2%
有色金属矿采选业	28	2.4%	5.1%	5.0%	0.4%	96.8%
非金属矿物制品业	29	6.0%	8.1%	4.6%	0.4%	98.1%
农副食品加工业	30	6.4%	7.5%	3.5%	0.3%	97.0%
煤炭开采和洗选业	31	1.7%	2.5%	3.5%	0.5%	91.9%
木材加工和木、竹、藤、棕、草制品	32	5.7%	5.5%	2.8%	0.2%	96.7%
非金属矿采选业	33	2.4%	3.1%	1.0%	0.1%	98.0%

续表

	排序	有研发机构的企业占比	有研发活动的企业占比	新产品销售收入在主营业务收入中的占比	研发支出占主营业务收入的比重	试验发展支出在研发支出中的比重
水的生产和供应业	34	4.2%	6.3%	0.9%	0.3%	99.9%
电力、热力生产和供应业	35	2.9%	5.5%	0.4%	0.1%	97.4%
黑色金属矿采选业	36	1.4%	2.0%	0.4%	0.1%	95.9%
燃气生产和供应业	37	1.7%	3.0%	0.4%	0.1%	100.0%
石油和天然气开采业	38	18.1%	20.8%	0.1%	0.7%	86.2%

资料来源：2014 年《中国科技统计年鉴》。

（三）研发机构创新效率不高

高校和科研院所拥有大量科技人力资源，是基础研究和应用研究的主体。但中国高校和科研院所创新效率总体不高，中国从事研发活动人员在数量上处于国际领先水平，但从全社会的分布看，中国每万人从事研发活动人员的数量明显低于国际水平（见图 1），而且研发人员分布失衡，突出表现在：一是中国研究人员占研发活动人员比重低（见表 4）。2011 年研究人员占从事研发活动人员（包括研究者、技术人员和其他辅助人员在内）的比例只有 47%，2013 年降至 44%。而日本、英国、韩国等国家这一比例在 70% 以上。俄罗斯也保持在 54%。二是研发人员和政府资金主要集中在中央部门所属的研发机构，这一占比在 60% 以上。地方部门所属研发机构中（见表 6），研发人员占从业人员的比值仅为 39%，地市级部门这一比值只有 28%，此外，研发机构的技术辅助人员的比重过高，创新能力相对较弱。从产出看，高校和科研院所创新成果虽然不少，但多是面向评职称、拿项目的封闭式研究，真正面向市场需求、产业需求的成果较少，科研质量效率和人才培养模式远没有达到创新驱动发展的要求。

究其原因，主要在于高校和科研院所体制机制改革滞后。对政府直接举办的科研机构，至今没有建立起法律制度保障下的有效力的监管、评估和问责制度，造成一些科研机构偏离自身的使命或功能定位；同时，科研院所的治理结构和治理机制改革尚未取得实质性进展，行政主导资源配置、以简单的行政评价代替同行评价等不合理的制度机制在一些院所仍然存在。从科技行为的角度直接表现为科研活动以项目为主，科研资金主要来源于政府，服务对象是政府，因而科研行为与市场是割裂的。2013 年研发机构课题的来源结构看，78% 来自政府，只有 5% 来自企业（见图 2）。

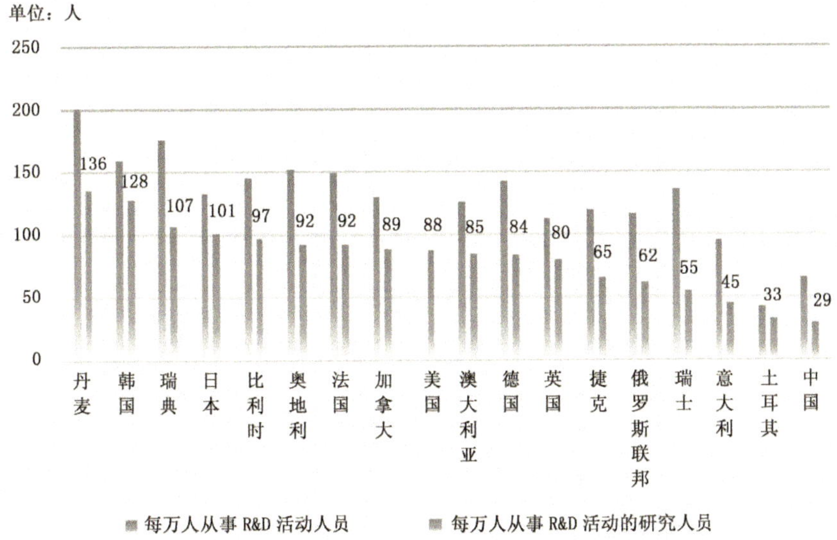

图 1　每万人就业人员中从事 R&D 活动人员和从事 R&D 活动的研究人员

资料来源：2014 年《中国科技统计年鉴》。

表 5　研发人员的国际比较　　单位：千人

国别	年份	从事研发活动人员	研究人员	研究人员占从事研发活动人员的比重
中国	2011	4017.6	1905.9	47%
	2012	4617.1	2069.7	45%
	2013	5018.2	2198.9	44%
澳大利亚	2008	137.5	92.6	67%
奥地利	2012	63.7	38.6	61%
比利时	2012	66.0	44.1	67%
加拿大	2011	229.0	157.4	69%

续表

国别	年份	从事研发活动人员	研究人员	研究人员占从事研发活动人员的比重
捷克	2012	60.2	33.2	55%
丹麦	2012	55.7	37.7	68%
法国	2011	402.3	249.1	62%
德国	2012	590.5	348.4	59%
意大利	2012	233.9	110.8	47%
日本	2012	851.1	646.3	76%
韩国	2012	396.0	315.6	80%
瑞典	2012	81.3	49.3	61%
瑞士	2008	62.1	25.1	41%
土耳其	2012	105.1	82.1	78%
英国	2012	358.0	252.7	71%
美国	2012		1252.9	
俄罗斯联邦	2012	828.4	443.3	54%

资料来源：2014 年《中国科技统计年鉴》。

表 6　　2013 年研究机构的研发人员在中央地方之间的分布情况

项　目	从业人员（人）	研发人员合计（人）	研发人员占从业人员的比值	研发人员全时当量（人年）
总　计	761963	409032	54%	363691
中央部门属	536040	320498	60%	286891
#中国科学院	59821	89260	149%	72186
地方部门属	225923	88534	39%	76800
省级部门属	157152	70245	45%	61110
副省级城市部门属	13341	2968	22%	2463
地市级部门属	55430	15321	28%	13227

资料来源：2014 年《中国科技统计年鉴》。

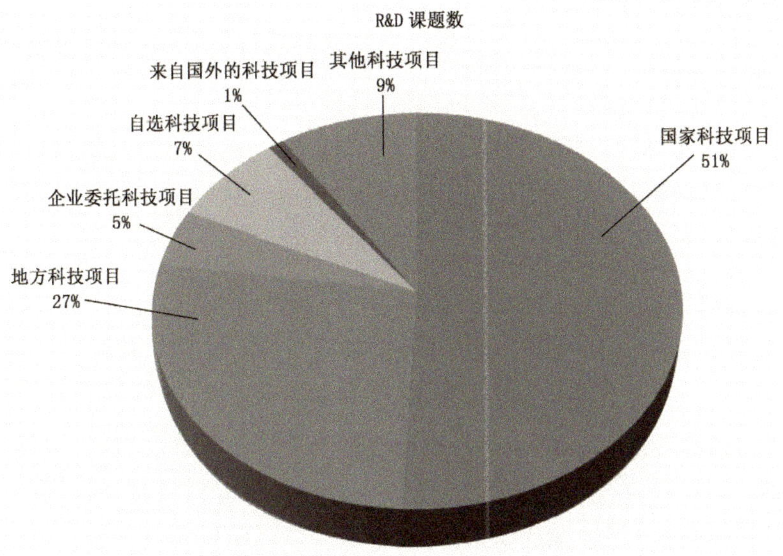

图 2　2013 年研发科研项目来源结构

资料来源：2014 年《中国科技统计年鉴》。

（四）政府创新治理能力薄弱

国家创新治理能力薄弱是创新驱动发展战略不能“落地”的重要原因。目前，这一矛盾突出体现在：

1. 缺乏对创新驱动的系统认识。首先，创新驱动是国家的长期战略，不是短期的短期应急任务，效果也不会短期内迸发。发达国家的经验表明，一项原创性的技术被市场接受所需要的时间需要 20—30 年，虽然近年来这一进程在部分领域缩短到 5—10 年，但依然是一个较为漫长的过程。其次，创新驱动是系统工程，不是增加财政投入，就能实现，应从国家创新体系建设出发，不断优化创新环境，提升企业、社会的创新能力。创新环境建设永无止境，没有最好，只有更好。

2. 创新资源分散，协同创新能力弱。各部门在创新资源管理和配置过程中，都根据自身发展需要行使相应的职责，并没有一个部门真正担当创新综合协调和宏观管理，最终导致创新资源分散、重复、浪费和效率低下。

3. 政府干预色彩过浓。中国行政主导科技创新的大环境仍未改变，科技共同体对科技创新活动影响有限，由于中国技术创新体系中主导研发活动的力量是国有和国有控股大中型工业企业，中小企业研发活动很有限，造成科技人员创新创造活力不够，大众创业、万众创新的氛围仍难以形成。

4. 创新政策的评估和监督能力薄弱。政府对创新政策还没有建立规范的评估机制，缺乏对其运行效果的判断和评价标准；对部分政府项目可能出现的违规套取资金等行为，尚未建立有力的约束和惩罚机制。

二、把握创新趋势性特征，明确“十三五”创新驱动发展战略方向

当前，全球科技革命和产业变革日益兴起，世界各主要国家都在调整完善科技创新战略和政策，我们需把握创新驱动发展的趋势性特征，借鉴发达国家经验，通过深化改革，着力解决存在的突出问题，推动以科技创新为核心的全面创新，尽快缩小我国与发达国家之间的差距。

（一）现阶段创新显现的趋势性特征

新一轮科技革命和产业变革的方向日益明晰，全球创新竞争日趋激烈，人才、资本、市场、专利等成为世界各国竞相争夺的战略资源，科技创新与金融资本、商业模式融合更加紧密，正在推动全球产业变革加速进行。从国内发展的角度看，创新驱动显现出如下趋势性特征：

1. 科技资源和创新活动聚集作用持续凸显，区域间创新的非均衡发展特征明显。我们对全国 31 个地区 2013 年政府科技投入效率进行的实证分析结果表明：北京、上海、浙江、广东、海南、重庆市等省政府科技投入效率较高，大部分中西部地区科技投入效率较低。科技创新具有植根性和集聚效应，大城市与特大城市引导创新活动的地理聚集趋势会加强，创新经济发动机作用会更加突显。中国在东部沿海地区已形成环渤海、长三角、珠三角三大都市圈为核心的创新高地，在西部地区已形成了以关中（陕西）、成渝等为核心的科技密集区，而其他大部分地区，由于科技基础设施比较薄弱，创新要素将向科技基础较好和载体较多的创新高地积聚，创新驱动发展的不平衡将是一个长期现象。

2. 网络化创新模式催生创新治理变革。20 世纪 90 年代以来，知识和资本的全球化催生了创新模式的升级，不再是高校（基础研究）—科研院所（应用研究）—企业（技术开发）前后连接的封闭和线性过程。大量涌现的复杂技术或产品系统推动着开发模式的创新，科技创新知识与成果相互作用、相互碰撞、相互激发，与生产力诸要素快速结合，快速分离乃至快速的重新组合，创新呈现出网络化和开放化的特征，线性创新模式已经升级到基于模块化设计的网络化创新模式，导致基础研究、应用研究和产业化之间界限越来越模糊。此外，互联网已经成为现代社会的基础设施，物理经济与虚拟经济开发融合，产业之间的边界也已经变得模糊，因此跨界研发变得越来越普遍，对创新流程的界定变得越来越困难，仅靠个人兴趣与能力已不能完全适应创新需求，以组织为单位的研发活动将成为“十三五”时期的重要方式。组织化与个性化的创新主体都将蓬勃兴起，并且相互促进，在创新链上发挥出各自的功能，共同成为驱动增长的引擎。这些都要求及时改进创新治理模式。

3. 政府、市场、社会共同分担创新成本和风险的制度安排日益重要。世界发展史表明，新科技特别是大范围的科技创新不会自然产生。从原始社会至 18 世纪 60 年代，人类社会上万年时间，科技进步多是零星的。因此，如果没有政府的介入，单靠市场激励是有限的，创新活动将会受到限制，这已成为现代大多数中等收入水平以上的国家扶持创新活动的基本共识。未来政府鼓励企业间技术合作与扶持创新战略联盟的形式将日益多样化，这一方面是因为科技进步加快，使产品生命周期越来越短，在很多情况下，研发投入来不及在短短的产品生命周期之内收回来。另一方面技术密集型产业部门面临的设备以及研发成本也越来越高，同一产品的更新换代所需要的资本投入也越来越高，再加上研发活动的风险很高，除了少数大型跨国企业之外，多数企业都不能够独自为那些大型研发项目支付全部的费用。因此，政府、市场、社会共同分担创新成本和风险就成了制度安排的上策之选。

（二）主要发达国家创新驱动发展战略的趋势性特征

实践证明，发达国家之所以能够率先实现经济起飞和持续增长，不仅是由于他们拥有了较高的科技水平，而是因为政府致力于协调技术、科学研究、信息通讯技术、税收、贸易、知识产权、政府采购、标准、法规等各方面的政策，以服务于创新战略，且其创新政策呈现出以下趋势性特征。

1. 优先发展方向明确。2014年美国联邦政府研发预算1354亿美元，其主线是继续对研发给予大力支持，注重对经济增长具有重要意义的战略性研发和创新投资。为了提高美国的创新能力，2015年联邦预算还大幅增加基础研究投入，将有限的资金用在对赢得未来至关重要的领域，如先进制造、清洁能源、全球气候变化，以及对科学、技术、工程和数学教育等。德国“高科技战略”框架下的项目资助方向明确，主要为应对气候变化、能源、卫生、食品、交通、安全和通讯等领域的全球挑战。此外，韩国、印度等国面向2025年的创新战略中，也都明确了优先发展方向。

2. 创新政策内容广泛，但与研发政策的分离相对清晰。目前，主要发达国家创新政策的讨论重点逐渐转向包容性创新，如全球气候变化、金融危机、绿色增长和老龄化问题等。此外，对创新型企业、流程创新、服务创新、商业模式创新等进行支持也越来越受到高度重视。源于创新模式的变革，未来的创新体制会更加脱离对实验室的依赖，而呈现出用户驱动型的特征，基于创新和新创意的财富和工作更多地将来源于组织和商业流程以及满足客户量身定做的需要，创新政策将进一步脱离研发政策。

3. 完善协调机制。从发达国家创新政策的管理机制看来，创新政策的设计和管理已经从一两个主管科技教育、经济工业发展的部门扩展到一个由环境、社会事务、农业、交通、信息通讯技术、医疗等行政部门组合而成的协调机制。一国创新政策的有效执行，越来越依赖于一个高效运转的协调机制。

4. 重视创新评估。在国家创新体系框架下，创新评估越来越受到创新型国家的高度重视。比如芬兰每3年就要进行一次国家层面的创新政策评估；英国和挪威的创新政策评估十分注重细节；韩国每年对以30个国家为对象的科技力量和体系进行比较分析，并将评价结果向国家科技委员会报告，作为制定本国科技创新政策和完善科技创新体系的依据。实践证明：评估越严格的国家，创新体系的进步越大。

5. 创新政策全球化趋势明显。创新全球化更加表现为知识生产链和知识消费链各个环节的水平网络结构，如各国为了争取人才而采取的教育政策和移民政策的改变等。一些国家，如德国和荷兰已经将全球化内容明确融入创新政策中，并在海外设立了支持这些政策的机构。韩国、印度等越来越重视有利于知识国际流动的政策，不仅是制定了提高吸收知识能力的政策，也制定了鼓励本国企业进行研发和创新国际化的政策。

（三）明确“十三五”时期中国创新驱动发展战略方向

中国的创新驱动战略是“百年大计”，需从中长期规划入手，遵循科技和市场经济发展的客观规律，在时间、空间上做好战略规划。“十三五”时期全面深化改革为创新驱动发展提供动力源泉，全面依法治国为创新驱动发展夯实制度根基，如何以全面创新为引领，以提高自主创新能力为核心，促进形成大众创业、万众创新的生动局面，还需统筹兼顾、重点突破。结合上述国内外趋势性特征，“十三五”时期的创新驱动发展的战略方向初步可以概括为：

1. 加强“以人为本”，坚持全面创新。“以人为本”是把人才作为创新的第一资源，更加注重培养、使用、吸引各类人才，促进人才合理流动、优化配置；更加注重强化激励机制；更加注重培养和发挥企业家精神，充分激发全社会的创新活力。统筹落实国家中长期科技、教育、人才规划纲要，发挥中央和地方两方面积极性，强化地方在区域创新中的主导地位，按照经济社会和科技发展的内在要求，整体谋划、有序推进科技体制改革。坚持全面创新应以科技创新为核心，统筹推进科技、管理、品牌、组织、商业模式创新，统筹推进军民融合创新，统筹推进引进来与走出去的合作创新，实现科技创新、制度创新、开放创新的有机统一和协同发展。

2. 加强顶层设计，坚持自主创新。应从全局、长远和可持续的角度加强顶层设计，防止政策碎片化。顶层制度设计与底层机制设计有机结合，确保政策落地，形成完整的管理链条，建立多种扶持政策协调一致的联动机制。突出优先领域，优化资源配置，在关系国计民生和产业发展的基础性、战略性、全局性领域，着力掌握关键核心技术，完善产业链条，形成自主发展能力。

3. 加强企业主体，坚持协同创新。突出企业技术创新主体作用，强化产学研用紧密结合，促进科技资源开放共享，各类创新主体协同合作，提升国家创新体系整体效能。充分发挥市场对技术研发方向、路线选择、要素价格、各类创新要素配置的导向作用。在国家创新体系框架下，切实转变政府职能，使科研院所、大学、企业和社会力量的科技资源和创新积极性与国家战略目标紧密结合，探索多种形式的协同创新模式。实现激励相容、协同合作。

4. 加强创新评估，坚持制度创新。政府要加强战略规划、政策法规、标准规范和监督指导等方面的职责，根据创新规律，完善创新驱动导向评价体系。遵循创新区域高度集聚的规律，系统推进全面创新改革试验，积极开展知识产权、科研院所、高等教育、人才流动、国际合作、金融创新、激励机制、市场准入等改革试验，采用风投基金、产业发展基金等市场化模式推进公私合作，在政策评估的基础上，及时总结推广经验，发挥制度创新红利，促进创新驱动发展战略的深入实施。

5. 加强创新合作，坚持开放创新。坚持开放创新的原则，以更加积极的策略推动技术和标准输出，在更高层次上构建开放创新机制。鼓励创新要素跨境流动，优化境外创新投资管理制度，完善创新人才吸引和培养机制，制定企业进行国际化创新的激励政策。尽快清理和规范原有的对企业技术创新的补贴政策，调整和取消与反补贴规则不符的补贴政策，制订新的补贴政策时尽量规避 WTO 反补贴规则，并合理利用 WTO 规则。

三、“十三五”时期实施创新驱动发展战略的重点

习总书记指出，实施创新驱动发展战略应从五个方面着力：一是着力推动科技创新与经济社会发展紧密结合；二是着力增强自主创新能力；三是着力完善人才发展机制；四是着力营造良好政策环境；五是着力扩大科技开放合作。这“五个着力”将是“十三五”时期创新驱动发展蓝图的“画骨点睛”之笔。进一步，围绕这五个着力点全面深化改革，需要国家、区域、产业、企业“四位一体”全面发展。

（一）大力发展以企业为主体的技术创新体系

政府创新体制机制改革的重点，应以激发企业自主创新动力为出发点和落脚点。

1. 改革传统的基础研究投入模式，增加产业需求驱动型基础研究。传统认识上，基础研究有较强的外溢性，基础研究投入以自由探索型和国家计划推动型为主，这些项目主要由高校和科研院所完成，项目的立项远离产业需求。在处于技术赶超阶段，可以增加与产业需求紧密结合、具有经济应用价值的产业需求驱动型基础研究的投入。这类基础性研究可以将大学、科研院所和企业联结起来，

形成“基础研究联合体”，共同破解产业核心技术的束缚，为国家创新驱动战略积累知识和技术。在基础研究联合体建设中，政府可以充分发挥多种引导和协调作用。一方面，在立项阶段，基础研究项目的提出除了传统的自由探索型和国家战略需求外，应该增加企业需求。另一方面，通过财政补贴、税收激励、基地建设等方式，引导企业增加面向产业技术创新需求的基础研究投入，加强基础研究的产学研结合。最后，在基础研究项目的评价体系中增加产业创新指标的因素，以改变单纯的论文发表评价体系。

2. 重视需求端创新政策。创新驱动发展的公共政策包括供给端政策和需求端政策。部门和地方谋划创新，不能停留在“瞄几个项目”、“培养几个研发基地”、“出多少专利”等供给端的创新政策上，而更应该重视需求端创新政策。需求端的公共政策包括合同管理、政府购买服务、政府购买产品等。政府从对研发活动的直接补助为主，拓展为后补助、引导“天使投资”、购买服务等灵活多样的支持方式，并加强与税收、金融、政府采购等政策的衔接配合，实现促进技术供给与带动市场需求相结合。如：充分发挥集中采购的规模优势，促进那些处于技术生命周期早期的关键技术、共性技术及一些战略性新兴技术的发展；根据创新产品市场化的程度不断调整政府采购的支持力度；促进首台（套）自主装备使用政策的落实；完善企业所得税加计扣除政策等。

3. 顺应并利用国际规则，制定扶持政策。“十三五”时期，中国企业创新激励政策，要体现原则性和灵活性相结合，制定普适性的政策扶持体系，按照开放性、竞争性、比例控制、间接性与市场化的准则制定相关政策，且重视对各种补贴政策的评估（见表7）。

表7　国际贸易规则下财政支持企业创新应遵守的准则

准　则	要　求
开放性	按照“非歧视”原则，政策应向所有企业开放，不能规定“国有”、“国内”等限制性条款，可利用一些非歧视性的标准把不符合国家创新战略或产业政策的产业或企业排除在外，相关标准应上升至法律层面，并得到客观和严格执行。
竞争前	按照“公平竞争”原则，对企业创新的支持应限定在竞争前的开发活动，即企业技术成果在产业化之前的研究、试验环节。
比例控制	工业性研究成本的70%以下，竞争前开发活动费用的50%以下。

续表

准　则	要　求
间接性	政府应隐藏在社会组织或私人机构之后对企业进行扶持，即财政资金由社会组织和私人机构运用，政府只作监管。
市场化	财政资金注入社会组织或私人机构后，采用市场化的方式投入创新企业，支持企业创新的同时，分享企业创新的回报。由于存在与市场一致的回报，这种投入方式不是一项“利益授予”，因此不是“补贴”。

（二）聚焦优先领域，以创新方法提升产业基础

中国制造是创新驱动的产业载体，要做强中国的制造业，由“中国制造”走向“中国智造”，就必须顺应全球新一轮产业革命的浪潮，全面落实“中国制造 2025”路线图。

1. 重视新模式、新业态，大力发展新兴产业。发展“互联网 +”，推动商业模式创新。互联网改变了人类世界的空间轴、时间轴和思想维度，催生了许多新技术、新产品、新业态、新模式。只有把创新引向大众，激发民间创业激情，才能充分利用好中国人口多、市场大在创新中的优势，才能营造全社会创新的良好氛围。阿里、京东创造了成千上万个创业型就业岗位，腾讯、百度在颠覆了无数个传统行业的同时又催生了无数个新的细分行业，创造了层出不穷的创业创新机遇。

2. 聚焦优先领域，扶持战略性新兴产业发展。新材料、新能源、生物科技、航空、海洋等战略性新兴产业是原创性高端科技密集的领域，反映了一个国家最高的工业、科技和国防水平，也往往是社会其他产业的技术源头。要加大对企业主导的新兴产业链扶持力度，支持创新型骨干企业整合创新资源，力争 2020 年战略性新兴产业增加值占国内生产总值的比重达到 15% 左右。要推动科研体制改革，建设新型研发机构，把高校和科研机构的知识和人才向产业端延伸，把高校和科研机构打造成为战略性新兴产业的“燎原之地”。

3. 加大扶持力度，推动传统制造业技术改造。重点扶持智能制造、“四基”发展、高端装备等制造业转型升级的关键领域，为制造业发展创造良好政策环境。运用政府和社会资本合作（PPP）模式，引导社会资本参与制造业重大项目

建设、企业技术改造和关键基础设施建设。创新财政资金支持方式，逐步从“补建设”向“补运营”转变，提高财政资金使用效益。深化科技计划（专项、基金等）管理改革，支持制造业重点领域科技研发和示范应用，促进制造业技术创新、转型升级和结构布局调整。

（三）加强国家创新治理体系建设，确保政策落地

当前创新驱动的方向和目标明确，关键在落实，考虑到创新驱动的重要性、复杂性、广泛性和深远性，从创新治理体系建设的角度，应强化以下内容：

1. 应强化改革方案的顶层设计，由综合部门、行业部门、地方和科技人员代表等改革相关各方参加，就部际联席会议制度、议事规则、战略咨询委员会、专业机构等事关改革的重大体制问题进行深度研究，在各方充分表达意见和建议的基础上，提出实施操作的基本原则、机制、与现行体制的矛盾与解决办法、各方权责等。

2. 做好部门“功能性分工”。将科技计划管理的职责在各部门之间进行分工协作，建立起有效分权、共同治理的机制，既保证打破条块分割和实现科技资源的统筹配置，又切实防止科技与经济“两张皮”。针对科技发展战略、规划、政策、布局、评估、监管职责，在各有关部门间根据自身职责定位进行适当分解。

3. 推进科研院所体制改革。科研院所是中国科技创新的主体之一，为使创新体系的有机联系更为紧密，进一步明确科研院所定位，深化科研院所体制改革，具有较强的紧迫性。这方面俄罗斯的实践可以为我们提供参考，如俄罗斯对其以政府为主的研发投入模式进行重新布局，鼓励民间机构进行自主研发，促进非国有科研机构发展，2009 年 11 月，俄议会通过了“国家科学技术政策法修正案”，规定任何组织只要具备一定数量的科研设备、科技人员和专家，其科技工作及研究成果得到国际社会承认，均可获得政府授予的国家科学中心的地位，并将获得相应的政府资金支持。2013 年俄罗斯进一步深化改革，通过了《俄罗斯科学院改革法案》，展开了对俄最大科研机构——科学院的系统改革。未来中国科研院所的改革，一方面要按照遵循规律、强化激励、合理分工、分类改革要求，深化科研院所的市场化改革，明确科研院所的法律地位，建立现代科研院所。除了从事基础研究和公益性研究的科研院所，都要面向市场，而不是面向政府。另一方面，要明确政府对部分不适合改制的科研院所的保障责任。从科技行

为的角度，打破条块割据，一视同仁，在明确职能、优化结构、科学评价的基础上，加大稳定支持力度，营造有利于科技人员潜心研究的良好环境。与此同时，从调动科技人员积极性和全社会创新活力的目标出发，按照权责一致、利益共享、激励与约束并重的原则，增强科研机构和科研团队的竞争意识和动力。加快推动中央级事业单位开展科技成果使用、处置和收益管理改革试点，通过总结试点经验，完善制度，尽快在全国范围内推广实施。

4. 集中优势创新资源，推动重大技术项目发展。首先，加强重大技术项目顶层设计。改变以往偏重技术属性的思路，强化重大技术项目服务经济社会发展功能。建立和完善重大技术发展项目的决策体系和决策机制。可由中央和地方科技行政主管部门负责，会同其他行业科研部门根据国家和省科技创新中长期规划，在深入公众和面向市场需求的基础上，提出国家和各省年度重大科技创新需求，形成国家和省年度重点工作任务，并明确各部门分工，报国家和各省科技创新领导小组（可新设）审议后，分头落实、协同创新。其次，完善企业创新需求提出和遴选机制。对于领先型或前沿性技术要鼓励技术专家和经济专家、企业一线专家充分参与、充分讨论，从国民经济发展需求角度共同研究选择重点攻克的重大技术，鼓励企业承担重大科技创新项目、自主制订和参与制定技术标准。再次，创新重大技术项目攻关组织方式。成立一批国家级重大技术产业研究院，全球选拔技术带头人，明确任务目标，通过产学研用合作，以增量带动存量，采用集中攻克的方法实现重大技术突破。探索创新企业、高等院校、科研机构共同实施重大科技项目的合作组织，形成联合开发、优势互补、风险共担、成果共享的开放协同创新机制。建立和完善重大技术项目的法人责任制、考评体系和动态调整机制，加强对项目实施过程的跟踪评估分析，及时发现问题，适时调整方向、目标和重点。

（四）加快建设各具特色的区域创新体系

1. 结合区域经济社会发展的特色和优势，科学规划、合理布局，完善激励引导政策，加大投入支持力度，优化区域内创新资源配置。加强区域科技创新公共服务能力建设，进一步完善科技企业孵化器、大学科技园等创新创业载体的运行服务机制，强化创业辅导功能。加强区域间科技合作，推动创新要素向区域特色产业聚集，培育一批具有国际竞争力的产业集群。加强统筹协调，分类指导，完善相关政策，鼓励创新资源密集的区域率先实现创新驱动发展，支持具有特色创新资源的区域加快提高创新能力。

2. 推动区域创新体系协调发展、协同发展。继续推进政府间科技合作，深化创新对话机制，以京津冀、长三角、珠三角等区域经济协同发展为契机，完善区域创新体系协同发展机制。如推动搭建跨区域科技资源的共享平台和网络体系，发挥资源的集成、系统、共享的优势和效能，促进科技成果向现实生产力转化。通过共建共享、以增量带存量等方式提高设备、仪器、文献、种质资源等科技基础条件的利用率；通过推进科技成果转移转化、产学研结合等提高财政资金使用效益。

3. 从全球视野谋划和推动区域科技创新。研发和创新全球化是经济全球化的组成部分和必然趋势，各区域可因地制宜地积极融入全球创新网络，切实推进科技计划对外开放，吸引海外高层次专家和团队联合承担或参与实施。实施“走出去”战略，帮助企业提升技术创新能力，树立外贸竞争新优势。按照平等和对等原则，探索外资研发机构参与科技计划实施的新机制和新途径。推动“一带一路”建设，实施面向周边的科技开放合作战略。

“十三五”时期推进能源革命的政策取向

苏　明　陈少强　等

摘　要：

推动能源生产和消费革命是“十三五”时期促进我国经济发展方式转变和建设生态文明的战略选择。能源革命包括能源消费革命、能源供给革命、能源科技革命、能源体制革命以及保障能源安全。在这场能源革命中，公共政策肩负重任，其主要目标是防范和化解能源公共风险，实现国家能源发展和安全目标。为此，在“十三五”时期，应当推进基于市场化的能源政策，建立能源交易市场体系；明确政府能源管理事权划分和支出责任；并进一步完善能源财税政策。

关键词：

能源革命　公共政策　财税政策

“十三五”时期，中国将继续推进以能源消费、能源供给、能源科技、能源体制机制为主要内容的能源革命，需要发挥政府、市场和社会公众等多方面的作用。公共政策要适应能源革命、引领能源革命和推动能源革命，并且某些政策领域的改革应取得实质性进展。

一、“十三五”时期能源革命的主要内容

近年来，国际能源形势发生了深刻变化，能源消费低碳化和清洁化成为大势所趋，能源技术取得重要进展。中国作为全球最大能源消费国，既面临严峻的挑战，也迎来发展的契机。推动能源生产和消费革命已经成为“十三五”时期中国促进经济发展方式转变和建设生态文明的战略选择。

（一）节能优先，推进能源消费革命

进入21世纪以来，大气污染和气候变暖使中国的能源消费尤其是化石能源消费受到限制。中国能源构成以煤炭为主，其比重长期达70%左右，且在相当长的时期内，以煤炭等化石能源为主的能源结构难以发生根本性改变，而化石能源消费是大气污染的主要来源。与此同时，随着新型工业化、城镇化逐步推进，人口向城市迁移，必然意味着生活方式的转变和能源需求量的增加，“十三五”时期，中国的能源消费仍将刚性增长。中国的能源消费结构和能源消费增长过快倒逼能源节约。因此，节能减排、推进能源消费革命就成为重中之重。

实际上“十一五”以来，中国已经开始注重能源结构的调整和节能减排。以前，中国的能源政策是以保障供给、增加产量为主要目标的。“十一五”时期，国家第一次将能源消耗强度降低和主要污染物排放总量减少作为国民经济和社会发展的约束性指标。“十二五”期间，实施能源消费强度和能源总量“双控制”，以此倒逼能源消费结构的调整。“十三五”时期，中国能源战略从以保供给为主，开始转向控制能源消费总量。通过强化工业、交通、建筑节能和需求侧管理，重视生活节能，严格控制能源消费总量过快增长，切实扭转粗放用能方式，不断提高能源使用效率。按照规划，到2020年，一次能源消费总量控制在48亿吨标准煤左右，煤炭消费总量控制在42亿吨左右。

（二）优化能源结构，推动能源供给革命

中国能源资源禀赋是“富煤、少油、缺气”，长期以来一次能源结构以煤为

主，化石能源在能源生产总量中仍居绝对主导地位。然而以化石能源为主的传统能源供给模式已经不可持续。随着化石能源开发利用的局限性日益显现，新能源的替代作用将越来越明显。

“十三五”期间，我们应立足国内，加强能源供应能力建设。一方面着力发展非煤能源，另一方面大力推进煤炭清洁高效利用。为此，实现传统能源安全、高效、清洁、低碳的开发利用，是我国能源供给革命的重要内容。到2020年，国内一次能源生产总量达到42亿吨标准煤，能源自给能力保持在85%左右。

“十三五”时期，中国将实现经济的转型——从能源—资源—污染密集型增长方式转向更加健康的创新驱动型增长方式，从注重数量与速度转向更加注重质量。能源革命正是为了满足日益增长的能源需求，大幅降低能源结构中的碳含量并减少主要污染物和温室气体排放。为此，“十三五”期间，我们要大力发展风电、太阳能、地热能等可再生能源，安全发展核电。降低煤炭消费比重，优化能源结构。到2020年，非化石能源占一次能源消费比重达到15%，约为7.2亿吨标煤；天然气比重达到10%以上，即4.8亿吨标煤以上；煤炭消费比重控制在62%以内，即小于30亿吨标煤，折算到原煤约为42亿吨；石油比重为剩下的13%，约为6.24亿吨标煤。

（三）突出重点攻关，推进能源科技创新

能源科技创新是推动能源生产和消费革命的重要基础。按照创新机制、夯实基础、超前部署、重点跨越的原则，加强科技自主创新，鼓励引进消化吸收再创新，打造能源科技创新升级版，建设能源科技强国。“十三五”期间，一是明确能源科技创新战略方向和重点，提出了9个重点创新领域和20个重点创新方向，开展相应的重大示范工程建设。二是抓好重大科技专项，力争页岩气、深海油气、天然气水合物、新一代核电等核心技术取得重大突破。三是依托重大工程带动自主创新，加快科技成果转化，形成有国际竞争力的能源装备工业体系。四是加快能源科技创新体系建设，制定国家能源科技创新及能源装备发展战略，建立以企业为主体、市场为导向、政产学研用相结合的创新体系。

(四)深化能源领域改革，推进能源体制机制革命

党的十八届三中全会通过的《中共中央关于全面深化改革若干重大问题的决定》指出，"完善主要由市场决定价格的机制。凡是能由市场形成价格的都交给市场，政府不进行不当干预。推进水、石油、天然气、电力、交通、电信等领域价格改革，放开竞争性环节价格。政府定价范围主要限定在重要公用事业、公益性服务、网络型自然垄断环节，提高透明度，接受社会监督。"这是中央对完善现代能源市场体系，推进能源价格改革做出的明确而清晰的表述，为能源机制体制改革奠定了基础。

深化能源体制改革，是推进能源生产革命、消费革命、技术创新的根本保障。"十三五"期间，要做的重点工作包括：一是完善现代能源市场体系，分离自然垄断业务和竞争性业务，放开竞争性领域和环节；二是推进能源价格改革，力争在石油、天然气、电力等领域取得进展；三是深化重点领域和关键环节改革，重点在推进电网、油气管网建设运营体制改革方面取得突破；四是健全能源法律法规；五是进一步转变政府职能，健全能源监管体系。

(五)加强国际合作，保障能源安全

近年来，随着经济的发展，能源的对外依存度不断加大。目前，我国的石油对外依存度近60%，天然气对外依存度超过30%。"十三五"时期中国的能源消费仍将刚性增长，对外依存度也将持续上升。随着全球政治环境变化，国际能源需求增加和资源争夺加剧，未来能源安全形势十分严峻。在这种形势下，我们有必要向内调整能源结构，向外密切关注今后世界能源格局的演变，加强能源国际合作，保障中国经济持续发展。

"十三五"期间，我们应统筹利用国际国内两种资源、两个市场，坚持投资与贸易并举、陆海通道并举。着力建设丝绸之路经济带、21世纪海上丝绸之路、孟中印缅经济走廊和中巴经济走廊。加强俄罗斯—中亚、中东、非洲、美洲和亚太五大重点能源合作区域建设，建设能源合作伙伴关系，培育自由开放、竞争有序、监管有效的全球能源大市场，共同维护市场稳定。

二、“十三五”时期推进能源革命公共政策的定位

（一）公共政策在推进能源革命中肩负重任

能源革命是一项系统工程，需要发挥市场和政策等各个方面的作用。“十三五”时期，公共政策推进能源革命的主要目标就是防范和化解能源公共风险，实现国家能源发展和安全目标。具体来说，公共政策的作用体现在以下几个方面：

1. 创造有利于节能的社会环境。世界各国充分认识到环境对人类发展的重要性，都在采取积极有效的措施改善环境、减少污染。在创造有利于节能的社会环境过程中，公共政策可以在节能减排方面发挥重要作用。首先，公共政策可以促进生产领域的节能。通过适当的财政、税收、价格、金融等政策，促进传统能源领域结构调整、升级改造，从而实现节能减排的目标。其次，公共政策可以扩大节能产品的消费市场。新能源产品具有高效、节能的优势，但是初期存在产品不规范、社会认知度低等市场障碍，可以发挥公共财政政策的作用，采取措施培育和扩大新能源产品消费市场。政府有必要通过财税政策刺激措施，加快新能源产品的市场开发步伐。这些政策包括：加大宣传投入力度，提高公众对新能源产品的认知度；通过财政补贴、税收优惠等手段补贴消费者，提高消费者购买新能源产品的动力；在政府采购中体现产业导向，优先购买新能源产品等。另外，可以通过公共政策，引导消费环境，转变消费观念，创建节能的社会环境。

2. 为多元化能源供给提供基本公共服务。要改变目前中国相对单一的能源结构，实现能源供给结构的多元化，需要在以下两个方面开展工作：一是对外积极寻找资源，加大能源供给的地区多元化，有效降低因地缘冲突造成能源中断的风险；二是加大对新能源投资建设的力度，使核能、风电、可再生能源的消费比例迅速提高，从根本上降低对煤炭、石油的依赖，这是实现中国能源安全以及经济可持续发展的根本保证。而这两个方面都需要公共财政政策提供支持。以新能源为例，近年来，中国的新能源市场尚未充分形成，新能源产业也未完全成熟，政府在新能源生产方面出台了许多激励性政策：实施“太阳能屋顶计划”，对光

电建筑应用示范工程予以资金补助，以弥补光电应用的初始投入；鼓励地方政府出台相关财政扶持政策。注重发挥财政资金政策杠杆的引导作用，形成政府引导、市场推进的机制和模式。

3. 促进能源产品技术研发，加快能源产业升级。能源产品技术含量高、其核心技术研发需要投入大量的人力、物力、财力，技术研发风险大，仅靠市场难以为继，需要公共财政政策的支持。发达国家多采用财政助推“技术平台”建设和实施财政支援以及优惠税制等方式支持新能源技术的发展。

近年来，中国的风能、太阳能等新能源迅速发展，已经成为世界风电装机第二大国、太阳能电池生产第一大国。但在基础研发领域投入明显不足，关键技术瓶颈始终没有重大突破，制约了该产业下一步发展。因此，中国应充分利用公共财政政策，构建国家级能源技术研发平台，通过企业并购方式取得国外新能源技术所有权，大力提高新能源技术水平。

4. 推动能源管理体制机制创新。能源公共政策是能源体制机制的具体表现，它体现了国家能源管理体制改革的意图。国家出台一系列政策，推动了能源体制机制的改革与创新，引导了能源改革的方向和发展趋势。

由于能源在经济社会发展中的基础性、重要性以及其自身的特殊性和复杂性，单纯依靠市场或者单纯依靠政府都难以管好能源产业，会导致严重的市场失灵或者政府失灵。有效的能源管理体制是市场机制和政府干预的有机结合。以市场为基础，尽可能充分发挥市场机制配置能源的作用，同时政府通过加强管理和服务，积极发挥作用，弥补、矫正市场失灵，保证能源的生产和消费满足经济、社会发展目标的要求。

5. 保障国家能源安全。能源作为国民经济发展的物质基础，在保证国家安全方面起着重要作用。随着经济持续快速增长，中国对能源的需求迅猛增加。目前，中国已经成为世界第一大能源消费国和世界最大能源进口国，除煤炭外，主要能源的对外依存度逐年上升。因此，必须科学合理地构建中国的能源体系，保证能源供应安全，维护社会稳定与经济安全。

国家能源安全是公共安全的重要内容，也是公共政策制定和实施的出发点和着力点。国家通过增加保障能源安全方面的财政投入力度，通过一般公共预算和国有资本经营预算，强化涉及国家能源安全项目的投入，建立多元化的能源供应和储备体系，支持“一带一路”战略，支持国际能源安全合作，积极稳妥地推进海外能源投资，将国家能源安全战略落到实处。

（二）推进能源革命的公共政策应注重政策创新和集成

能源革命不同于普通的能源发展和改良，它是能源领域的一场根本性变革。与此相适应，能源领域公共政策也应进行相应调整，在延续原有政策的同时，根据“十三五”时期能源革命的要求进行创新。

1. 服务和引领市场，最大限度地发挥市场的决定性作用。建立“市场在资源配置中起决定作用”的能源管理体制，需要公共政策发挥应有的作用，即市场和政府，各归其位。公共政策可以采取以市场为基础的政策工具来实现各种政策目标。首先，政府可以尽可能引入市场竞争机制，减少干预。充分发挥价格机制的作用，促进企业改善经营管理、合理投资、提高运行效率；同时通过市场价格机制调节供给和需求，确保供需平衡。其次，引入市场的绩效观念，提高政府绩效水平。再次，引领市场，培育市场。通过补贴鼓励能源企业进行技术创新，鼓励企业发展清洁能源、优化能源结构；通过补贴促使能源企业提供能源普遍服务，促进社会公平；通过税收限制能源企业环境污染物排放，实现环境友好的目标；通过资源税促进企业节约资源、有序开发。最后，政府可以通过监管矫正市场失灵问题。

2. 政策和资金集成，最大限度地发挥政策的放大效应。目前，中国用于能源发展和节能减排等方面的资金来源渠道和支出途径很广，从国家有关部门看，涉及财政部、发改委、住建部、农业部、水利部、环保部等各个部门；从财政部内部看，涉及经建司、科教文司、企业司等多个业务司局，财政投入过于分散。一方面，“撒胡椒面”式的支出资金量小，支出力度不够；另一方面，各部门的资金没有统筹使用，存在重复支持的情况。因此，非常需要资金整合，解决政策不配套和碎片化、分散化问题，提高资金的使用效果。同时还要注意解决资金整合后的职能调整和必要补偿问题。

3. 协调配合，最大限度地体现国家的战略意图。长期以来，中国能源管理工作分散在多个部门。能源项目投资、能源规划布局、能源资源勘探开发、能源产品定价、能源环保、新能源产业化、能源市场等政策，分别被发改委、财政部、环保部、国土资源部等多个政府部门分头行使，造成多头管理和交叉管理。

我们应在找准经济工作的着力点，充分利用财政政策、税收政策、金融政策、价格政策的同时，使得不同时期、不同发展阶段、不同能源领域的各项公共政策协调一致，避免“孤岛效应”，使公共政策最大限度地体现国家的整体战略意图。

三、“十三五”时期推进能源革命的政策取向

（一）推进基于市场化的能源政策，建立能源交易市场体系

建设在政府监管下充分发挥市场机制作用的能源交易市场体系，是实现能源利用效率提高、温室气体排放量减少以及参与各方经济效益最大化的主要途径。

1. 加快建立中国合同能源管理市场。早在 20 世纪 90 年代，由国家发改委、财政部、世界银行、全球环境基金等共同合作，在中国推广合同能源管理。在此基础上，中国政府也相应地制定了涉及合同能源管理的一系列政策和法规。2010 年，中国政府出台了一系列促进合同能源管理的文件，并且中央财政决定安排 20 亿元支持合同能源管理。这标志着合同能源管理与节能服务产业将进入高速发展的阶段。多年来，合同能源管理得到了长足发展，但是仍然需要政府的政策引导和资金扶持。

一是完善相关法律体系和政策规定，形成行业规范。政府应尽快通过完善相关法律体系和政策规定，制定行业规范，制定行业最高能耗限额或最低能效标准，建立能耗奖惩制度，加强能耗监测，督促企业将节能落实到位，更好地促进双方的节能合作。

二是拓宽筹资渠道，加大财政支持。政府可设立专项贷款担保基金，为合同能源管理业务提供担保。鼓励金融机构、风险投资机构、专项基金、种子资金进入节能服务领域，为合同能源管理搭建更为广阔的融资服务平台。

三是制定信用评价等级，提高社会认知度。

四是加强示范城市和示范项目的作用，带动全社会节能。

2. 完善节能量交易市场。节能量交易市场是随着节能市场化机制的逐步完善，在政府的积极推动下形成的。2012 年，中国在北京、天津、上海、重庆、湖北、广东和深圳 7 个省、市开展碳排放权交易试点，目前已经取得积极进展，并为开展节能量交易提供了有益借鉴。

节能量交易市场属于公共服务范畴，市场决定资源配置是市场经济的一般规律，政府的职责和作用是加强和优化公共服务，保障公平竞争，加强市场监管，推动节能量交易工作持续发展。一是合理确定和分配节能量指标，建立公平的市场环境。二是建立和完善全国性节能量交易系统。三是维护节能量交易市场的稳定。节能量目标分配应留有余量，可以对市场进行调控。同时，政府要拿出部分资金，对市场价格进行适当干预，建立节能量最低价制度。四是建立完善有关法规和标准。通过立法对节能量交易规则、分配机制、交易方式等提供法律保障，构建起信息公开、透明规范、监管严格、高效畅通的交易体系。五是加强对节能量交易市场的监督管理。

（二）明确政府能源管理事权划分和支出责任

1. 界定好政府与市场的边界。政府支持能源市场的发展应当基于市场原则，坚持以市场作为资源配置的基础。政府介入市场的理由：一是当市场失灵时，市场无法有效配置资源，政府的介入可以提高效率；二是市场自身的均衡与公众认可或政府期望的公平有差距，需要政府出面保护社会公平；三是制定市场无法提供的行业法律、法规和能源战略。同样，财税政策也只是作用于能源发展过程中市场失灵的领域，其重点应当是支持重大技术的研发和推广，从供给和需求方面调动生产者、使用者开发和利用新能源的积极性，促进能源产业化发展。而要降低新能源成本、实现规模化产业发展，必须依靠市场的作用，在政府的引导下，通过行业内部的有序竞争，优化资源配置，加快能源发展。

真正发挥财税政策的作用，还应注意，能源财税政策刺激市场的力度要适度；财税政策的效果要靠市场机制发挥作用；财税政策不宜长期化，一旦市场成熟，财税政策支持就应该淡出甚至退出能源市场。

2. 政府间支持能源发展的事权和支出责任划分。明确划分不同层级政府间的事权财权关系。目前的分税财政体制中，事权划分方面存在的最大问题，主要表现为财力相对集中在中央和省一级，而事权则更多地被分散到了市县一级。一方面，大量的财政支出责任落在了市县基层政府身上；另一方面，市县基层政府部门自身可支配的财力又非常有限。因分税制自实施以来，始终没有明确解决各级政府部门间的事权和财权关系，以至于很多本应通过完善的财政收支体系来解决的问题，实际上却是依靠上下级间转移支付这种非市场性的分配方式来解决，因而也引发了各种经济社会问题。今后，应按照政府公共财政的基本框架和基本公共服务均等化的要求，明确界定和划分各级政府部门间的事权关系，并以此为准则，向各级政府部门配备相应的财力。与此同时，要加快理顺各级政府部门间的财税关系，对于责权划分等基本制度，应以法律的形式进一步规范。

同时，还应该改变能源管理中政府审批项目过多，过分干预市场，管理碎片化和多头化的格局，下放能源管理权限，优化不同级次政府在能源管理上的职责配置，理清政府不同部门的职责，规范能源生产和能源消费革命中的财政支出责任。可结合发达国家能源管理经验，将散落在各个部委的能源管理职能整合优化，建立综合能源管理机构。

（三）进一步完善能源财税政策

在新一轮能源革命的进程中，作为国家宏观调控主要手段的财税政策体系也应该进一步改革和完善。

1. 财政政策的改革与完善。近年来，中央财政不断加大对新能源的支持力度，采用的方式主要有预算直接投入、财政补贴、财政贴息、财政担保、政府采购、“以奖代补”、“以奖促治”等。这些措施都曾经在相关领域发挥了积极的作用。在新的经济形势下，能源革命要求我们加快转变经济发展方式，促进可再生能源产业的发展。因此，绿色、低碳发展是下一步改革和完善财政政策的方向。

一是增加政府财政预算投入，建立绿色发展财政预算制度。政府预算资金的支持是推进能源革命的必要保障，因此，应合理确定绿色经济发展的财政投入与GDP之间恰当的比例关系，适度增加财政预算支出的额度，以确保环境保护的资金来源和国家宏观调控力度。能源生产和消费革命是一项长期而艰巨的任务，由此而展开的污染治理、节能减排、生态环境建设、开发可再生能源等行动需要有持续的资金投入，这些项目所需要的资金难以全部靠市场力量解决，通过财政预算筹集资金是必不可少的手段，因此，应建立绿色发展财政预算制度。

二是完善政府绿色采购制度。政府采购对社会经济有着重大的影响，它已经成为各国政府经常使用的一种经济调控和产业促进的手段。中国颁布了《政府采购法》，明确规定政府采购应优先采购节能和环保产品，但实际执行中还存在很多问题。如政府采购的法律法规制度不健全、对政府采购的监督管理不到位等。为此，需要进一步完善与政府采购相关的法律法规，建立政府采购的监督机制，逐步建立起政府采购信息化平台，并向社会公开，接受社会各界的监督。

三是优化财政投入方式，加强对新能源发展等重点领域的财政支持力度。首先，加大中央及地方财政资金的投入力度。其次，优化财政资金投入方式。支持新能源发展要综合利用多种财政投入方式，形成有效合力，增强财政资金的引导作用和“杠杆”作用，提升财政资金的使用效率。最后，加强国有资本经营预算对能源生产和消费革命的支持力度。

四是推进相关制度改革，充分发挥财税政策效力。首先，深化能源资源价格市场化改革。完善煤炭价格的市场形成机制。推进电价改革，推行大用户电力直接交易和竞价上网试点，完善输配电价形成机制，改革销售电价分类结构。积极推行居民用电、用水阶梯价格制度。进一步完善成品油价格形成机制，积极推进市场化改革。理顺天然气与可替代能源比价关系。其次，逐步推进化石能源补贴制度改革。化石能源补贴改革应遵循先易后难的原则，采取逐步实施的策略。同时，应考虑对低收入家庭和弱势群体进行适当扶持。最后，建立碳交易机制及其相关制度。碳交易及其相关制度主要包括碳排放权转让交易、能效标准及审计制度、绿色认证制度、低碳中介服务机制等。

2. 税收政策的改革与完善。税收对能源革命的影响体现在两个方面：一是对新能源企业生产的影响；二是对新能源产品消费的影响。为此，政府应运用税收优惠政策降低新能源的开发利用成本来推动新能源产业的发展，同时扩大新能源产品的国内需求市场，进而推进新能源产品快速发展。

一是完善现有税种。近年来，虽然通过修订税收法规，使得我国主体税种的节能环保功能得到了强化，但是仍然需要进一步强化税收的引导、激励及限制作用。在增值税的完善方面，应对节能环保产品实行减免、即征即返、全额返还或部分返还等优惠政策，此外还应对高能耗、高物放、高排放产品实行适当的惩罚性政策。在消费税的完善方面，把高能耗产品、资源消耗品及高污染产品纳入消费税的征收范围。适当调整消费税的优惠政策，对符合节能环保标准的产品实施低税率，对绿色产品实施零税率。在企业所得税方面，对生产节能环保产品的企业，给予税收优惠。对投资新能源、可再生能源、清洁能源开发利用的企业实行所得税低税率。其他相关税种的完善。调整车辆购置税、车船使用税政策。对以清洁能源为动力、符合节能技术标准的车辆，给予适当减征车辆购置税的优惠。出台新的车船使用标准，对不同能耗水平的车船规定不同的征收额度，实行差别征收。

二是改革资源税制。首先应扩大资源税的征税范围，根据资源节约利用的需要，适时逐步将水资源、土地、草原、森林等重要自然资源纳入征税范围。其次是考虑适当提高非再生性、非替代性、稀缺性资源的资源税税率，对严重污染和破坏环境的产品课以重税。

三是适时开征新税种。随着中国经济的发展，资源环境承载能力变得越来越脆弱，节能减排的压力与日剧增，因此，应将适时开征新税种纳入议事日程。一是开征碳税。碳税是减少碳排放的一种重要经济手段，目前世界上已有一些国家征收碳税。中国已经向世界承诺“到2020年，单位GDP二氧化碳排放量要在2005年的基础上降低40%—45%”。为了兑现这一承诺，应选择合适时机开征碳税。二是开征二氧化硫税。针对二氧化硫排放，中国目前的政策是征收二氧化硫排污费。随着中国税制的改革和完善，应该尽快实施二氧化硫费改税。

参考文献：

1. 杨晨曦．国际油价暴跌：能源变局利好谁？［N］．中国国土资源报，2015年1月31日．

2. 陈炜伟．国家能源局：七大措施推动能源革命［N］．中国矿业报，2014年12月27日．

3. 解读《能源发展战略行动计划（2014-2020年）》三大看点［OL］，新华网2014年11月19日，http：//news. xinhuanet. com/2014-11/19/c_ 1113319902. htm.

4. 杜祥琬．能源革命——为了可持续发展的未来［J］，北京理工大学学报（社会科学版），2014年10月第16卷第5期．

5. 朱彤．能源革命的概念内涵、国际经验及应注意的问题［J］．煤炭经济研究，2014年11月第34卷第11期．

6. 王秀强．能源革命新时代：2015年能源政策走向［N］，21世纪经济报道，2014年12月31日．

7. 魏北驹，宋阳．能源新常态 优先调结构［N］．中国经济导报，2014年12月11日．

8. 吴新雄．适应新常态 落实新举措 努力推动能源生产和消费革命［J］．中国经贸导刊，2015年1月下．

9. 吴飞美，郗永勤．我国低碳经济发展存在的问题与对策研究［J］．福建师范大学学报（哲学社会科学版），2015年第1期．

10. 张舒雅，李妍楠．一张图看懂能源革命［N］．中国石油报，2015 年 2 月 9 日．

11. 何建坤．中国能源革命与低碳发展的战略选择［J］．武汉大学学报（哲学社会科学版），第 68 卷第 1 期 2015 年 1 月．

12. 戴彦德，吕斌，冯超．“十三五”中国能源消费总量控制与节能［J］．北京理工大学学报（社会科学版），2015 年 1 月第 17 卷第 1 期．

13. 课题组．中国能源改革战略：“两只手”协同作用［J］．经济研究参考，2013 年第 7 期．

14. 赵盟．促进我国低碳经济发展的财税政策探析［J］．财会研究，2014 年第 12 期．

15. 张抗，白振瑞．能源补贴的类型、效果和策略［J］．中外能源，2014 年第 7 期．

16. 谢旭轩，任东明，赵勇强．推动我国能源革命体制机制改革研究［J］．中国能源，2014 年第 4 期．

17. 高巍，胡望舒．推进我国新能源产业发展的税收优惠选择［J］．财政监督，2013 年第 21 期．

18. 黄志刚．中国能源税制改革探析［J］．地方财政研究，2009 年第 8 期．

19. 刘满平，孙莉莉．能源税制改革的总体设想［J］．中国石化，2014 年第 7 期．

20. 石耀东．我国能源政策面临的突出矛盾与未来战略转型［J］．发展研究，2014 年第 2 期．

21. 李梅．新时期我国政府与市场的效率边界分析［J］．现代物业·现代经济，2015 年第 14 卷第 3 期．

22. 陈新平．财税体制、政策的“低碳化”改革［J］．研究报告，总第 1531 期．

23. 中国国际经济课题组．中国能源生产与消费革命［M］．社会科学文献出版社，2014 年版．

24，王朝才，曾晓安等著．中国发展新能源的财税政策［M］．中国财政经济出版社，2012 年版．

《“十三五”时期推进能源革命的政策取向》课题组

课题组组长： 苏　明

课题组成员： 陈少强　赵世萍　向燕晶　程　瑜　樊轶侠

课题执笔人： 陈少强　赵世萍　向燕晶

“十三五”时期推进京津冀协同发展重在体制机制创新

傅志华　石英华　封北麟　于长革

摘　要：

“十三五”时期是中国深入实施四个全面战略的关键时期，也是推进京津冀协同发展的重要机遇期。我们认为，“十三五”时期，推进京津冀协同发展，争取国家资金、出台政策、落实项目等固然重要，但影响京津冀协同发展的根源在于现行体制机制上的障碍。报告在全面分析“十三五”时期推进京津冀协同发展面临的形势以及潜在的风险与成本的基础上，指出“十三五”时期推动京津冀协同发展关键在于体制机制创新，强调在加强顶层设计、建立健全对接协调机制的基础上，创新体制机制，完善政府治理，改进治理机制，并试图从政绩考核、财税、土地、人才、公共服务、市场机制等方面提出一些突破性的改革措施。

关键词：

京津冀协同发展　区域发展　体制机制创新

京津冀协同发展具有深远的战略意义。京津冀的协同发展有助于抓住“十三五”新型城镇化发展的重大机遇期，优化城市群落的空间布局与功能分工；有助于综合治理区域环境污染问题，创新解决“生态保护、区域贫困”耦合矛盾，推进跨区域生态补偿、异地开发、生态移民等生态防治协作新机制的建设，探索生态文建设的有效路径，建立区域人口经济资源环境相协调的可持续发展模式；京津冀协同发展也为“十三五”时期的环渤海经济区发展提供了新的增长点和发展引擎，有助于缩小中国北方腹地与东南部地区的发展不平衡，充分利用地缘优势深化东北亚各国的经济交流与合作。“十三五”时期是中国深入实施四个全面战略的关键时期，也是推进京津冀协同发展的重要机遇期。三地协同发展面临的形势如何？可能存在哪些潜在的风险、障碍和成本？“十三五”时期推进京津冀协同发展的关键问题如何把握，是研究“十三五”时期推进京津冀协同发展主要任务首先需要考虑的问题。

一、全面把握“十三五”时期推进京津冀协同发展面临的情势

（一）京津冀协同发展是推动三地共同发展的可行选择

探讨京津冀协同发展并非近一两年的事情。早在1982年编制的《北京城市建设总体规划方案》，就有“首都经济圈”提法，之后，又有“首都圈”、“环首都经济圈”的提法。从字面看，这些区域合作的提法均是以发展首都北京为中心的。2004年的“廊坊共识”确定“京津冀经济一体化”发展思路。2004年11月，国家发改委启动《京津冀都市圈区域规划》编制工作。尽管区域合作强调一体化发展，但其政策初衷是为配合北京市新的功能定位和天津滨海新区大规模建设，仍然强调以发展首都为中心。10年来，由于三地不同的发展水平以及行政区划等固化藩篱的存在，各方虽屡有合作协议签署，却并无实质性推进，政策“雷声大”，行动“雨点小”。京津冀三地共同发展的共识并未形成，三地共同发展的积极性并没有充分调动起来。从国家战略驱动角度看，作为中国最有可能建成世界级城市群的三个区域之一，京津冀城市群的发展，明显滞后于长江三角洲和珠江三角洲。2013年8月，习近平在北戴河主持研究河北发展问题时，

提出要推动京津冀协同发展。2014 年 2 月 26 日，习总书记提出京津冀要“抱团”协同发展，京津冀三地是三根绳，要拧成一股绳。协同发展强调互惠共生，和谐共赢。京津冀协同发展，核心是京津冀三地作为一个整体协同发展，战略的核心是有序疏解北京非首都功能，调整三地经济结构和空间结构，走出一条内涵集约发展的新路子，探索出一种人口经济密集地区优化开发的模式，促进区域协调发展，形成新增长极。

（二）京津冀协同发展面临的经济社会矛盾十分突出

京津冀区域包括北京、天津两个直辖市和河北省唐山、保定、廊坊、秦皇岛、张家口、承德、沧州、石家庄、邯郸、邢台和衡水 11 个地级市，是中国最重要的政治、文化中心，也是中国北方最大和发展程度最高的经济核心区。该区域土地面积 21.6 万平方公里，占全国的 2%；总人口达 11070 万，占全国的 7.98%；地区生产总值达 66474 亿元，占全国的 10.44%；一般公共财政预算收入 8863.8 亿元，占全国的 6.3%；社会消费品零售总额达 23661.8 亿元，占全国的 9.9%；进出口总额达 6124.8 亿美元，占全国的 14.7%。京津冀地区已经成为继长三角、珠三角之后，第三个最具活力的城市群（见表 1）。

表 1　京津冀社会经济发展基本指标（2014 年）

	区域面积（万平方千米）	人口规模（万人）	地区生产总值		人均收入（元）		全社会固定资产投资（亿元）	一般预算公共收入	
			总值（亿元）	增速	城镇	农村		规模（亿元）	增速
北京	1.641	2152	21330.8	7.30%	43910	20226	7562.3	4027.2	10.00%
天津	1.176	1535	15722.47	10%	31506	17014	11654.09	2390	15%
河北	18.88	7384	29421.2	6.50%	24141	10186	26671.9	2446.6	6.60%
总和	21.697	11070	66474.47	—	—	—	45888.29	8863.8	—

近年来京津冀的经济社会发展取得了长足发展，但是发展中暴露出的经济社会矛盾也十分突出。

1. 资源承载力弱，环境污染严重是最为突出的问题。京津冀地区属于我国水资源最为短缺区域之一，2014 年三省市的人均水资源占有量分别为每人每年 119 立方米、150 立方米和 173 立方米，远低于每人每年 1000 立方米的人均水资源占有量的警戒线。三地多年平均水资源总量不及全国的 1.2%，但却承载着全国约 10% 的人口、粮食和 GDP。经济发展已经严重超越了区域资源环境的承载力，污染问题随之而来。目前，京津冀已成为中国空气污染最为严重的地区，2013 年京津冀地区所有城市 PM2.5 和 PM10 年均浓度均超标，部分城市空气质量重度及以上污染天数占到全年天数的 40%。其中，全国空气质量最差的前 10 个城市中，河北省就占了 7 个；北京市达标天数比例为 48%，重度及以上污染天数比例为 16%。三地的环境治理仍需“靠天吃饭”。

2. 区域内部经济发展极为不平衡，存在不合理的经济梯度。北京和天津两大中心城市处于绝对优势地位，其他城市没有形成有序的梯度承接京津产业转移，导致区域中心城市的“极化效应”明显强于“扩散效应”，导致发达地区所形成的产业聚集优势难以向周边落后地区推广和扩散，产业带动能力差，三地的发展差距在不断扩大。亚洲开发银行的一份调查报告指出：在国际大都市北京和天津周围，环绕着河北的 3798 个贫困村、32 个贫困县以及年均收入不足 625 元的 272.6 万贫困人口。“环首都贫困带”不仅未能缩小与北京周边郊县的贫富差距，反而愈加落后。

3. 跨区域的利益共享分配机制难以建立，阻碍三地的协同发展。在现行分税制财政体制下，京津冀以行政区划为基本单元的经济社会组织管理模式，必然会造成各自为政的局面，更多考虑自身利益。制度层面良好的利益分享机制没有建立，长期形成的“一亩三分地”的惯性思维难以彻底打破。

（三）京津冀协同发展得到各方的积极响应

2015 年 4 月 30 日中共中央政治局召开会议，审议通过《京津冀协同发展规划纲要》。实施这一重大国家战略的顶层规划、主要着力点已清晰明确。纲要指出，推动京津冀协同发展是一个重大国家战略，核心是有序疏解北京非首都功能，要在京津冀交通一体化、生态环境保护、产业升级转移等重点领域率先取得突破。

为推动京津冀协同发展工作，三地各级政府和部门已积极开展工作，全力突破三地资源禀赋和行政管辖权的束缚，打破利益分割与专享，实现要素全流通，利益共分享的区域一体化，并在一些重点领域取得突破。

北京市制定实施新增产业的禁止和限制目录，关停退出一般制造业和污染企业392家，搭建了30个产业疏解合作平台，推进产业转移疏解项目53个，拆除中心城区商品交易市场36个。与天津、河北分别签订了合作框架协议和备忘录，实施交通、生态环保、产业三个重点领域率先突破工作方案，逐步建立与完善京津冀协商对话机制、协作交流机制、重要信息沟通反馈机制。其中，交通一体化是京津冀协同发展的先行领域和坚实基础，通过对区域交通资源进行系统整合和优化配置，形成北京、天津双交通中心格局，有效引导首都功能疏解和城市群协同发展。目前的重点工作：一是推行“一票制”客运，实现京津冀全区域的公交“一卡通”；二是尽快推动京津间第二条城际铁路的实施，带动以北京新机场为重要活力点的京津新兴城镇带和产业带发展。北京新机场已开工建设，并加快了北京新机场临空经济合作区的规划编制工作。为了配套新机场和临空经济合作区建设，北京市正在规划三条高速公路与之连接，包括位于新机场东边的京台高速为机场联络线；位于新机场西边的京开高速和沿南中轴线延伸至新机场的快速路。首钢曹妃甸、张承生态功能区、中关村示范区与滨海新区合作等重点工作取得进展，中关村企业在天津、河北累计设立分支机构达到1532个。

天津市积极推进与北京、河北在高端制造业、金融、商贸、港口物流等方面进行对接。与北京共同规划建设了京津合作示范区，滨海高新区与北京中关村签署了全面合作协议，已成功吸纳了中关村多个转移项目，在京的国际国内500强企业总部来天津设立分支机构或兴建项目。设立渤海津冀港口投资公司、京津冀城际铁路投资公司，实施京津合作示范区等一批重点合作项目，确定了滨海新区及有关区县产业承接平台，借重用好首都资源取得新成效。吸引河北的长城汽车、英利太阳能到天津投资建设，津冀开展了中医药合作项目，天津商品交易所投资入股石家庄股权交易所。

河北省积极参与京津冀协同发展规划纲要编制，出台推动京津冀协同发展实施意见，梳理出64项重点工作，确定了40个承接合作平台，签署并实施京冀“6+1”、津冀“4+1”战略合作框架协议。成立京津冀城际铁路投资公司，与天津共同组建渤海津冀港口投资发展有限公司。生态方面，与京津实行生态环境信息共享、生态过渡带共建，大气污染联防联控取得明显成效。产业方面，北京凌云化工整体搬迁邯郸，北汽集团黄骅整车项目建成投产，与北京共建曹妃甸现代产业实验区，与天津共建涉县天铁循环经济示范区，协同发展的巨大潜力正在河北省加速释放。

（四）京津冀协同发展应抓住“十三五”中国全面深化改革的关键期

“十三五”时期是中国全面建成小康社会最后冲刺的五年，也是全面深化改革要取得决定性成果的五年。在世界经济复苏艰难曲折，主要经济体走势分化的全球环境下，中国经济下行压力持续加大，呈现出新的阶段性特征。经济由高速增长阶段进入中高速阶段，经济增长方式也由过去投资拉动的粗放增长向创新驱动的集约式增长主动转型，对由于增速放缓所引发的一系列深层次的社会、经济矛盾，需要有新的改革思路和政策工具创新解决。新一届中央领导集体总结“十二五”时期的发展经验，智慧地提出了打造大众创业、万众创新和增加公共产品、公共服务“双引擎”，加大简政放权，改革投融资体制，推进新型城镇化，制定实施城市群规划，有序推进基础设施和基本公共服务同城化，“一带一路”建设与区域开发开放结合，推动产业结构迈向中高端，加强和创新社会治理，节能减排和环境治理等一系列改革发展的思路与手段。其中，京津冀协同发展在这些改革方案设计中被多次提及，充分表明，京津冀是中国“十三五”时期社会经济改革的重要试验田和创新区。三地唯有加快改革开放的力度，打破区域管辖权的束缚，促进多领域的互联互通和一体化发展，才能抓住发展的重要机遇期，借势发力，实现区域社会、经济各领域发展水平的全方位提升。

二、冷静分析“十三五”推进京津冀协同发展面临的风险与成本

协同发展模式的哲学内涵在于和谐与共生。京津冀协同发展是要在京津冀三地之间形成互惠共生，合作共赢的内生增长机制，最终促进区域协同、高效、有序发展。“十三五”时期，推进京津冀协同发展，需正视面临的诸多障碍和风险。

（一）客观认识“十三五”推进京津冀协同发展的潜在风险

在推进京津冀协同发展的过程中，思想障碍、经济风险、社会风险、生态风

险都会不同程度地出现。如何避免产业转移、城镇化建设、城市群规划、公共服务均等化中存在的思维惯性、经济风险、社会风险和生态风险，如何有效避免多个领域的风险叠加、扩散，将是影响和制约京津冀协同发展顺利推进的主要因素。

1. 固守“一亩三分地”的惯性思维。推进京津冀协同发展，首先面临来自三地政府部门及人员思想观念上的障碍。京津冀三省市，地缘相接、人缘相亲、历史渊源深厚，具备相互融合、协同发展的良好条件。然而，京津冀政府部门，特别是决策层还存在片面理解发展是硬道理的传统思维，在地方 GDP 竞争背景下，管好自己“一亩三分地”的传统惯性思维挥之不去。长期以来，三地在行政壁垒下各自为政，区域间经济联系松散，沟通联系不够，在区域合作上成了“最熟悉的陌生人”。京津冀三地个体的理性导致集体的非理性。在很多问题上，三地“互不买账”，导致区域间产业对接不协调，产业布局不合理，要素自由流动受阻，市场分割程度高，地方保护主义严重，无法促进区域比较优势的提升。推进京津冀协同发展，迫切需要打破固守自家“一亩三分地”的思维定势，解决三地“互不买账”的问题。

2. 经济风险不容忽视。三地协同发展，需要改变一城独大的局面，逐步辐射和带动区域内中小城市和乡镇的协同发展。如果缺乏系统协调，三地城镇化发展、城市群发展进程中不可避免地面临经济风险的明显增加。城镇化空间失控将导致耕地面积持续减少、农业劳动力老化、农业资金匮乏、农业技术创新推广应用不足等农业衰退风险；城镇化进程中如果缺乏坚实的产业支撑，将面临城镇产业空洞化引起的城镇化贫困风险、地方财政风险、基础设施低效率风险、就业风险等，城乡区域发展不平衡风险也将明显增加。城市群发展需要优化结构，以充分发挥城市产业集聚、经济辐射、要素流通以及居住方便等功能。如果缺乏科学合理的规划和有效的控制，三地城市发展可能面临结构失衡，空间社会分工和要素流动体系没有建立的风险。如果建设的新城城区，没有足够的人口聚集效应，也没有交通枢纽或产业支撑，公共服务和基础设施不配套，在缺少合理动态需求的前提下，为了建设而建设，可能导致“空城”、“睡城”、“鬼城”等现象，造成投资无效、资源浪费。

3. 社会风险日益显现。在我国城乡二元结构特征明显的背景下，在推进产业转移、城市群布局的进程中，三地失地农民的数量将会增加。近年来，各地在土地征用、城区扩建、旧城改造过程中引发了大量冲突事件。未来，失地农民社会保障如果没有跟上，隐藏的社会矛盾可能更为尖锐。大城市中的“蚁族”聚住区如果任其发展就会成为典型的贫民窟，住房、社会保障缺位的风险不容忽视。农村人口盲目流动导致其伦理道德错位引发犯罪率上升风险、农村留守儿童心理畸形风险、农村家庭婚姻危机风险等日益凸现。人的城镇化问题解决不好可能导致城乡对立，社会冲突增多，进而危及社会安全和社会发展。

4. 生态风险仍很突出。京津冀三地城镇空间的拓展如果没有充分考虑生态安全格局的限制因素，盲目拓张，城镇建设摊大饼，则会带来巨大的生态风险。三地政府城市建设规模的非理性扩大，大量占用耕地、粗放利用土地，将造成土地资源的浪费。产业的粗放发展带来资源的过度消耗和环境的污染，将导致环境变差、生态变坏、资源消耗不经济导致区域内生物多样性减少，自然生态系统退化。此外，因城镇空间拓展带来的旧城改造对历史文化建筑、民俗民风的遗弃，将导致文化多样性减少，社会生态系统退化。

（二）认真分析协同发展中可能产生的成本因素

推进京津冀协同发展是实现区域发展、推进体制机制创新的重要战略，其好处不言自明。但从技术层面看，短期内其收益很难直接量化。与之相对，推进京津冀协同发展面临的成本却是多方面的，既包括短期内显见的直接成本，也包括长期的、隐性的、间接成本。多种因素叠加形成的高昂的成本成为推进京津冀协同发展的主要制约因素，三地面临着较大的资金投入压力。“十三五”时期是京津冀协同发展的开局时期，其中，来自功能转变和产业转移、公共服务重建两方面的成本值得引起重视。

1. 功能转变和产业转移成本。在协同发展中，三地功能定位的转变，已有产业结构的调整和转移，承接地的产业对接和新产业的培育等，都面临巨大的产业转换成本。

一是功能转变和产业转移过程中，需要对相关利益主体进行补偿、产业转移安置、转移后原有场地的改造、整理，这些都会带来成本的增加。例如，对北京而言，需要疏解非首都核心职能，加快产业转移和功能转移。当前在北京经济总量中占据一定比重、但不符合北京定位，应该逐步转移的产业包括：汽车制造、计算机、通信及其他电子设备制造业、石油化工、其他装备制造、商贸物流等。

这些产业最终根据三地区位、在京津冀协同发展规划中的定位确定产业承接地。2015年，北京市将进一步对不符合首都城市战略定位的功能和产业转移疏解。加快疏解动物园地区批发市场、大红门地区批发市场、天意小商品批发市场，对其他区域性批发市场逐步制定调整疏解计划。积极推动部分教育、医疗等社会公共服务功能向外转移和疏解，深化医疗卫生领域合作。

二是功能转变和产业转移后，可能带来承接地产业不能持续发展的成本。由于京津冀各地经济发展不均衡，产业结构差异大，产业的相互依赖性和上下游关联性较少，难以形成产业互动。从产业结构上看，北京市的第三产业所占比重最大，2014年已经达到77.9%，经济进入到“退二进三”的后工业化阶段。产业优势主要集中在科技和现代服务业，且均处于产业链的高端；天津市的发展主要由第二产业和第三产业共同拉动，且第二产业比重略高于第三产业，目前进入到“接二连三”的工业化高级阶段。经济正在由以石化、钢铁等传统制造业向装备制造、电子信息、航空航天、新能源新材料等战略新兴产业过渡中，处于产业链的中端；而河北省的产业结构是第二产业比较发达，第三产业发展较为滞后，经济处于“培二育三”的工业化中级阶段。除个别地区外，河北在制造业和服务业中均处于产业链的低端，且优势产业中以高能耗、高污染、低附加值的传统产业居多。在产业转移过程中，转移产业承接地区在经济、技术、人才、行政效率等方面与转出地区存在一定的差距，承接产业的持续发展可能受到影响，甚至会出现水土不服的情况，可能导致功能转变和产业转移后，短期内产业发展波动、停滞不前，市场份额丧失的机会成本。

三是因人才引入带来的成本增加。受产业结构影响，各地劳动力的供需差异较大。北京地区以第二、第三产业为主，对于资本和劳动力的需求较大；天津地区主要以第二产业为主，对于技术和高质量劳动力的需求旺盛；河北人口资源丰富，第二产业不足，廉价的劳动力相对充足，而第一产业所需的生物、农业、能源技术人才却严重不足，天津地区第三产业的不发达，在一定程度上影响了高新技术人才的流入。随着产业从北京等发达地区迁移到新兴发展地区，生活环境、文化氛围、配套设施等均发生了不小的变化，引进人才能否适应当地的环境，在新的环境当中继续保持工作效率，可能带来薪酬激励、人才引进等方面的潜在成本。

2. 公共服务重建成本。主要是三地重新定位发展目标后，地方公共服务体系的重新规划和建设，还面临新的社会公共服务重建成本。这方面的成本因下列制约因素导致成本叠加和倍增。

一是随着三地协同发展的推进，逐步缩小三地在公共服务上的差距需要增加成本。从经济上看，京津冀三地呈现出发达的京津与环京津的贫穷带两极分化的非均衡发展格局。京津两市与河北在科教文卫等社会领域的发展水平以及资源投入上差距悬殊，公共服务水平差距较大。在公共基础设施和公共服务方面，北京、天津、石家庄公共基础设施完备，公共服务发达，教育、医疗等机构聚集，与其他城市形成巨大落差。另外，城乡公共产品和服务方面普遍存在差距。农村居民在受教育程度、医疗服务、社会保障等诸多方面与城镇居民有很大的差别，农村地区基础设施等公共产品供给水平与城镇地区也有很大差距。即便同是农村地区，区域内在养老保险等社会保障标准及资源方面的差距较大。以农村养老金为例，据统计，相邻两村（隶属于北京的郑家磨村和隶属于河北省的蘧家磨村，两村只相隔一条马路）的农村养老金，郑家磨村几乎是蘧家磨村近 7 倍。推进三地协同发展后，短期内将引发落后地区老百姓对高福利的更高期望，助长老百姓对发达地区高福利的盲目攀比心理，在短期内将造成巨大的区域公共服务成本压力。

二是城市群的发育、城镇化的推进带来公共服务成本的增加。就京津冀三地中小城市而言，近年来，随着城镇化的高歌猛进，“化地不化人”、“半城市化”问题突出。原来居住于农村的农民，包括城郊城市化、城中村改造中的原农业人口以及涌入城市务工的外地农民，长期面临着户籍身份、子女上学、就医、住房、社会保障及公共参与等公民身份问题和基本公共服务不平等境遇。城镇化带来人口的流动，为各地公共服务的供给带来了难题，特别是人口流入较大的地区，流入人口的公共服务提供带来基础设施、公共服务的供应压力，带来巨大的社会公共服务成本。

三是因公共服务供求脱节带来的资源浪费。人员流动要求城乡公共服务供给的动态协调。京津冀三地功能转变和产业转移后，如果没有充分考虑城乡公共服务供给的动态协调问题，按照静态的传统思路去考虑提供各种各样的公共服务和设施，将会导致未来公共服务的供应与需求脱节，造成大量的资源浪费。

（三）协同发展最根本的难点在于现行体制机制的障碍

“十三五”时期，推进京津冀协同发展，面临思想意识、经济、社会和生态多层面的障碍和风险，以及功能转变、产业转移、社会公共服务重建等多方面的成本。这些风险和成本因素的产生，根源在于现行体制机制上的障碍。如果体制机制障碍不破除，政府没有有效协调，市场主体的积极性也会产生扭曲。解决京津冀协同发展中面临的障碍、风险和问题，规划设计、资金投入、项目落实固然重要，但单靠投入资金、落实项目的方式只是短期的权宜之计，难以从根本上解决问题，还会导致严重的逆向选择问题，进一步阻碍市场化解决问题的通道，无助于京津冀协同发展问题的真正解决。

从体制机制障碍看，一方面，京津冀协同发展面临着全国普遍性的问题，如户籍制度以及户籍制度之上附着的、地区间差异化的教育、医疗、就业和社保等综合福利，使户籍制度在短时间内难以打破。此外，还有市场机制等问题。另一方面，制约京津冀协同发展还面临在京津冀区域特有的问题。当前，最为突出的是首都功能疏解和产业转移带来的财政体制上的制约，以及京津冀强势的行政化力量导致市场机制不健全的制约。

1. 首都功能疏解和产业转移引发的财政体制上的阻力和担忧。功能疏解和产业转移意味着 GDP 的转移、税收的转移，直接影响各地的财政利益。在官员政绩考核及经济利益的驱动下，地方政府为了大力发展经济，不惜动用手中的行政权力干预经济活动。三地各级地方政府为了促进辖区内的经济发展，对于那些能够带来 GDP 和税收的项目竞相采取各种优惠政策来吸引，而对那些准备转移到别地的企业则采用种种手段予以抑制和阻止，有时甚至不惜动用行政手段干预地方经济发展。如北京凭借巨大的政治和经济资源优势，大力吸引各种优质资源和产业源源不断流入北京，对流出北京的资源特别是优质资源则施以限制，据报道，“北京市要迁出一个厂需要市常委会、市政府常务办公会研究通过，市长签字后才能迁走”。由于经济利益，尤其是财政利益的顾虑，北京并不情愿放弃经济功能。疏解非首都功能，更愿意疏解掉一般性产业，特别是有污染的产业，疏解掉沉重的人口负担，疏解掉环境压力，而对于“高精尖”产业和高级生产要素，不仅要发展，而且还要聚集。

在当前经济进入新常态，财政收入进入中低速增长，各级地方财政紧张的大背景下，三地的地方政府会采取种种手段甚至是逆市场化的举措来限制资源和要素的市场化流动。增值税、所得税、消费税等税种没有执行税收与税源一致性原则，各分支机构要到总部注册地交税，占据了大量央企和总部结构的北京天然享受了这种优厚待遇，即使北京的一些企业转移到天津或是河北，但在注册地纳税背景下，天津和河北依然无法得到更多的好处。

在公共服务的提供上，同样面临财政体制及行政体制的制约。以医疗报销为例，医保报销省际间、城市间、地区间互联互通在技术上没有太大问题，难点在于京津冀三地之间的行政体制藩篱和利益分配上。

2. 京津冀强势的行政化力量导致的市场机制不健全。中国当前处于经济和社会全面转型时期和全面深化改革的关键时期，在多区域、多层次、利益分散化的区域协同发展中，单靠政府（无论是中央政府还是地方政府）的调控和干预很难有效地应对所有的挑战，非政府力量即市场力量和社会力量的有效参与可以很好地弥补政府这只“看得见的手”的不足，促进区域之间的协同发展。在京津冀三地，行政化力量发挥着极为重要的作用，相对于市场化程度和发展水平较高的珠三角以及长三角地区，京津冀地区的市场机制不健全，市场化发展程度较低，市场力量发展较为滞后，国有经济仍然占据了主导力量，经济行为带有明显的政府行为特征，政府对资源的控制力强，对企业的干预过大，对产业发展首先考虑的是本行政区的利益最大化。三地政府和相关部门习惯于依赖行政手段推动经济发展，市场主体也习惯于向政府要政策、要项目、要资金。计划体制的惯性还集中体现在行政审批项目过多、权力过于集中，限制了各类要素的自由流动，削弱了市场配置资源的能力，相对于国企的强势，京津冀特别是天津和河北省的民营经济发展较为迟缓，知名的大型民营企业较少，其市场力量还不足以打破区域之间利益分割的限制，资金、技术、信息等生产要素难以形成自由流动的区域市场，难以进行跨行政区域的行业集聚和整合，使得自下而上的京津冀协同发展进展迟缓。另外，相对于政府和企业来说，行业协会、中介机构、研发机构等各种社会组织的发育和发展也相对滞后，难以与政府和企业形成三方互动，进而承担推进区域协同发展的应有职能。

综上所述，“十三五”时期，推进京津冀协同发展，最根本的难点在于现行各种体制机制的障碍。如何破除限制资本、技术、产权、人才、劳动力等经济要素自由流动和优化配置的体制机制障碍，是推进三地协同发展的关键所在。

三、"十三五"推动京津冀协同发展关键在于体制机制创新

"十三五"时期，推动京津冀协同发展，面临规划实施、产业布局调整、项目落实、资金投入等方方面面的问题。我们认为，确保"十三五"京津冀协同发展的各项目标任务落到实处，关键是把京津冀区域整体列为国家区域一体化发展示范区，在加强顶层设计、建立健全对接协调机制的基础上，创新体制机制，完善政府治理，改进治理机制。在财税、土地、就业和社会保障等领域赋予先行先试权，允许和支持试验一些重大的、更具突破性的改革措施。

（一）强化合作共赢理念和顶层设计的引领作用

1. 树立合作共赢的观念。作为全国最重要的区域经济体之一，京津冀将成为我国全面深化改革的前沿阵地，其巨大的示范作用不言而喻。推进京津冀协同发展，首先要树立"一盘棋"大局观，以"政治自觉"、"文化自觉"打破行政区划藩篱，去掉本位主义思维，尽快摆脱各自为政的封闭化状态。京津冀要错位发展，即以相对竞争优势强化各自的自主功能，进而构建从多赢到共赢的协同发展战略。例如，京津冀须形成合力向环境和大气污染宣战，共同打好治理环境、实现宜居的硬仗。

2. 以区域规划顶层设计为导向，做好规划间的衔接协调。落实最近通过的《京津冀协同发展规划纲要》，必须明确京津冀各自的功能定位。首先，北京要明确首都功能。北京是首都，北京的主要功能是政治、文化、国际交往和科研开发。北京应该在金融资本、生产性服务业、高科技产品的研发、人才和教育资源、信息等方面加强对区域的辐射，除面向全国的非首都核心功能外，其他非首都功能要向周边或更远的地区疏散。同时，要科学规划区域城市空间布局和产业空间布局，明确京津冀区域内工业开发区和科技园区功能定位，实现三省市各方需求的对接。在明确区域功能定位的基础上，应以区域规划顶层设计为导向，京津冀三地应主动将首都经济圈、环首都绿色经济圈、河北沿海经济带等战略规划与区域发展顶层设计进行对接，并进一步深化研究相关配套政策的体制机制，以保障规划的顺利实施。

（二）建立健全京津冀协同发展的对接协调机制和区域政绩考核体系

1. 建立协商对话机制。改变目前地方政府倡导式、协商式的非制度性合作机制，借鉴欧盟谈判机制的运作方式，构建常态化、多层次的区域利益平衡、诉求表达和对话谈判机制，增强区域合作的稳定性、紧密性和硬约束。

2. 强化政府对接机制。目前，国家已经成立京津冀协同发展领导小组，三地也已设立推进京津冀协同发展领导小组。下一步，要在国家领导小组框架下，研究建立交通、产业、生态、公共服务等不同领域内有关中央部门、三地政府及职能部门之间共同参与的日常沟通、议事决策和执行协调机制，促进各专项规划编制实施，推动专业领域协同发展工作有效对接。

3. 完善区域信息交流机制。加强三地在信用体系、技术交易、空间地理、交通管理、人口管理、生态监测、应急联动等专门领域的信息共享，研究建立统一的京津冀协同发展信息平台和区域合作发展监测评价体系。

4. 试行“区域考核评价”。党和国家可考虑对三地党委、政府领导人员采用“区域考核评价”的方式，即从京津冀区域在国家经济社会发展中的贡献、京津冀协同发展的质量和效益、三地在京津冀协同发展中做出的努力、各自省市经济社会发展状况等方面进行区域性综合考核，使三地的工作目标不再聚焦自身发展，而聚焦到实现京津冀协同发展的功能定位上来，聚焦到京津冀区域整体实力、竞争力、影响力的提升上来。

（三）创新横纵向转移支付制度和跨区域税费分享机制

1. 加大中央转移支付力度。鉴于京津冀地区资源与生态环境承载能力薄弱的现状，中央要切实加大对京津冀地区的一般性转移支付力度。在具体措施选择上，可考虑在全国统一标准的前提下，从京津冀地区的实际情况出发，充分考虑京津冀地区的特殊因素，包括经济社会发展水平、产业结构、资源环境条件、城市化程度、人口和地域特点等。在具体操作上，可考虑加大对京津冀地区增值税的返还比例，保证中央财政每年的转移支付增量不小于上一年度京津冀地区上缴的税收增量。

2. 协调建立横向转移支付制度。对于承接首都非核心功能的主要地区天津和河北来说，其经济发展水平远远落后于北京，尤其是河北省。长期以来，为支援首都建设，处理首都与周边地区环境资源分配关系的办法一直以行政命令为主，环首都地区的资源都是优先甚至无偿供应给北京，这造成了地区间发展机会的不均等。因此，中央应从整体利益出发，在中央政府的主导下，提倡京津冀政府间“互帮互助”，构建省（直辖市）级政府之间和市县级政府之间的横向转移支付体系，加大对河北省的支持力度，促进河北省加快经济社会发展，缩小京津冀之间的差距，为京津冀一体化发展创造条件。可考虑将北京市每年新增财力的一部分（如5%—10%）用于对河北省的横向转移支付，作为试点探索，加大对河北省的支持力度。在试点经验成熟后，再试行京津冀三地的市县级政府之间的横向转移支付体系的建立。

3. 实施跨区域税收分享政策。由于企业跨区域流动涉及地方财政收入问题，因此有必要探索建立区际税收利益分享机制，消解地方保护的内在冲动，突破制约合作的体制障碍。对于整体搬迁企业，遵循利益共享的原则，可考虑在严格执行国家有关财税政策的前提下，兼顾合作双方利益，对转入区产生的税收和规费地方分成部分，由合作双方按商定比例形成共享机制，实现双赢。具体税收分享框架如下：一是产业转移企业缴纳的流转税、所得税按财政体制属当地留成部分，实行利益分享，具体分成比例由合作双方协商确定。二是企业城建税、教育费附加和文化事业建设费，留归企业所在地财政。三是企业增值税和企业所得税地方所得部分，可由企业原籍地政府参与项目税收分享，具体分配比例可由转移方和承接方两地政府按因素法等协商确定。

（四）探索实施差别化区域土地政策及跨省域耕地占补平衡政策

1. 实施差别化区域土地政策。争取国家支持，探索编制京津冀区域土地利用年度计划，在京津冀全域范围实行建设用地总量统一控制和建设用地增量统一配置。借鉴天津市滨海新区的做法，试行京津冀全域范围的土地利用计划指标“近期用地总量一次核定，用地指标额度集中下达，供地时序阶段调整”的管理制度。在符合规划、保护耕地的前提下，推进工业用地向园区集中，农业用地向适度规模经营发展、新增建设用地向跨区域重大项目与合作共建功能区倾斜。

2. 探索试行跨省域耕地占补平衡政策。京津冀区域内，北京耕地后备资源短缺，补充耕地潜力较为有限，河北省则拥有相对丰富的耕地后备资源，因而全域范围内实现耕地总量平衡较两市一省单个行政区域而言难度相对较小。应积极争取国家支持，以严格保障耕地总量和保护生态环境为前提，建立耕地占补平衡指标统一交易平台，研究通过耕地占补平衡指标的市场化交易、地方政府磋商合作、创新耕地开发激励机制等多种方式，在京津冀全域范围内探索试行跨省域、数量和质量并重的耕地异地占补平衡政策。

（五）建立健全公共服务一体化政策，推动建立人才自由流动的机制

1. 积极推动户籍制度改革试点。户籍制度约束是京津冀协同发展中不可忽视的障碍。应积极推动户籍制度改革，消除人才在区域内的流动障碍，探索建立人才自由流动，共享区域优质公用服务资源的新机制、新路径。

2. 推动就业服务一体化。科学合理规划京津冀区域人口及就业布局，建立统一的公共就业服务平台，共建区域实体和网上人力资源市场，推动专业技术资格和职业资格名称对应一致、评审标准统一、资格证书互认，逐步开放三地人才优惠政策，建立有利于人才流动的人事管理、社会保险关系转移接续、公积金异地互贷等制度。

3. 推进社会保障一体化。加快推进养老、失业保险政策一体化，实现人员流动过程中养老保险、失业保险关系的无障碍转移接续、定点医疗机构互认、信息共享和医疗结算系统联网，实现跨地区异地就医即时结算。逐步缩小区域内社会保障标准的差距，提高区域内社会保险统筹层次。

4. 推动教育医疗一体化。加强跨域教育医疗合作政策创新，在高校异地办分校、跨区域共建合作医院等方面着力破除体制机制障碍。引导京津两地医疗和教育资源向河北转移，支持有条件的优质高等教育资源在河北办分校，在医疗机构功能定位合理的基础上，支持优质医疗卫生资源通过对口支援、办分院、整体搬迁等形式向河北转移发展。建立区域优质教育医疗资源共享机制，统筹区域考试招生制度改革，推进教育医疗等公共服务均衡发展。

（六）从完善要素市场体系切入，健全和完善市场机制

完善要素市场体系，增强区域现有大宗商品交易市场的集散配置能力，鼓励京津冀三地产权交易所、金融资产交易所、环境交易所等专业交易平台开展广泛合作，推动跨行政区产权交易市场、技术交易市场和碳排放交易市场建设。

1. 在技术市场方面，着力打破市场壁垒，建立统一的政府采购支持科技创

新产品的政策体系，共同建设创新发展战略高地。研究由三地共同出资建立科技创投基金，为区域中小企业技术创新提供资金支持；建立统一的技术交易服务体系和科技成果库，健全区域科技成果转化应用交易市场，为区域内企业新技术新产品应用提供高效、规范、透明的服务。

2. 在金融市场方面，着力推动三地在区域要素市场、促进投资贸易便利化、统一征信体系建设、区域金融风险防范等方面进行深入合作。鼓励三地金融机构互设分支机构，为重点合作项目和跨区域基础设施建设提供联合带宽等金融支持。加快推动京津冀区域范围内支付清算、异地存储、融资租赁等金融业务的同城化，降低跨行政区域金融交易成本。研究设立京津冀区域开发银行，探索发行区域建设债券，对投资期限长、社会效益好的各类区域重大开发建设项目给予政策性资金支持。

3. 在农产品市场方面，着力发挥京津两地农业科技化水平高、本地农产品需求量大的优势，在河北农业区大力发展服务京津和区域的菜篮子生产基地和供销体系，促进河北现代化农业发展，实现区域农产品产供销一体化。

参考文献：

1. 习近平. 优势互补 互利共赢 扎实推进 努力实现京津冀一体化发展. 人民日报，2014年2月28日.

2. 薄文广，陈飞. 京津冀协同发展：挑战与困境. 南开学报（哲学社会科学版），2015年第1期.

创新驱动战略的基本框架和政策体系

程北平　张　鹏　鄢晓发　孙　维

摘　要：

创新是引领发展的第一动力。党的十八届五中全会指出，“十三五”“必须把创新摆在国家发展全局的核心位置，不断推进理论创新、制度创新、科技创新、文化创新等各方面创新”。创新驱动是经济新常态下推动中国经济发展的主动力，即可以有效避免要素驱动不断下滑的困扰，又可以有效化解投资驱动带来的供给侧刚性的矛盾。创新驱动的核心在于“创新—转化—应用—再创新”链条的高效有序，本文根据这一研究逻辑，在全面分析创新驱动的内涵和特征的情况下，对创新驱动的着力点和支撑政策进行了深入研究，提出了创新驱动基本框架和财政政策措施体系。

关键词：

创新驱动　财政政策　“十三五”规划

一、创新驱动发展战略的现状及国际经验借鉴

党的十八大从全面建成小康社会和建设创新型国家的战略高度提出要实施创新驱动发展战略，这是党中央、国务院作出的事关社会主义现代化建设全局的重大战略决策。创新驱动战略就是要使市场在资源配置中起决定性作用和更好发挥政府作用，破除一切制约创新的思想障碍和制度藩篱。创新驱动战略既强调"创新"，又着力于"驱动"，两头发力并且形成合力。同时，在创新中，既强调创新的内涵、形式和机制，要激发全社会创新活力和创造潜能，提升劳动、信息、知识、技术、管理、资本的效率和效益，同时又强调创新成果的使用、转让和保护，强化科技同经济对接、创新成果同产业对接、创新项目同现实生产力对接、研发人员创新劳动同其利益收入对接，增强科技进步对经济发展的贡献度。

（一）创新驱动战略的核心地位和作用

科技创新是创新驱动战略的基础和载体，也是生产力发展的第一支柱，因此应放在创新驱动战略全局予以综合考量。创新驱动战略是实现国家富强和中华民族伟大复兴的重要举措，是中国立足全局、面向未来的重大战略。从全球范围看，创新驱动战略有利于提升国际竞争力。当今国际竞争越来越激烈，科技创新已成为世界各国国力较量的主旋律，而这是一个国家经济与社会发展的最主要支撑力，是决定一国在国际竞争和世界总格局中地位变换的重要因素。中国必须实施创新驱动发展战略，紧紧抓住和用好新一轮科技革命和产业变革的机遇，建设创新型国家，才能从容应对国际社会的变化和挑战。从国内形势看，创新驱动战略是转变经济发展方式的根本途径。中国经济总量已跃居世界第 2 位，但发展中的不平衡、不协调、不可持续问题依然突出，人口、资源、环境压力越来越大。物质资源的瓶颈约束更加突出，而科技和人才却会得到良好的积累并在实践中不断增值，实施创新驱动战略有利于加快转变经济发展方式，破解经济发展深层次矛盾和问题，增强经济发展内生动力和活力。

（二）中国创新驱动推进的情况及问题

创新驱动是一个复杂的系统过程，其中，既包括扎实的基础研究、也包括灵活的应用研究、还包括研发过程中的中试等环节以及从商品化到产业化的完整链条。此外，在参与方上，也需要政产学研的有序参与、整合力量。党的十八大以来，社会各界持续关注和高度重视创新驱动发展战略建设，然而创新对中国经济发展的驱动作用仍显薄弱，创新主体动力不足、创新软环境不完善、创新转化机制效率差、创新型人才缺乏等问题困扰和阻碍着中国向创新型国家的发展。

1. 自主创新动力不足，创新活动风险贴水较低。实施创新驱动发展战略，最根本的是要增强自主创新的能力。在中央统一的战略部署下和各地有效协同下，加快实施创新，落实创新驱动发展的各项任务，大力支持科技创新和科技投入，积极营造制度创新的环境和条件，主动开展模式创新的实践并摸索有效的保护方法，中国创新的环境得到有效改善，要素资源进一步累积放大，但从整体上来看，中国总体创新能力的提升速度仍不够快，增长空间仍非常有限，大部分企业缺乏创新热情，对传统经济增长方式和原有企业发展模式的依赖仍很强。按照科技部的统计，目前全国规模以上企业中，由企业牵头开展科技活动的仅占总体科技活动的25%，研究与试验发展经费仅占企业销售收入的0.56%，比重很低。将所有的企业进行统计，只有万分之三的企业拥有自主知识产权。

由于中国企业自主创新的研究起步较晚，企业的决策者对于自主创新这一综合性技术经济概念普遍缺乏全面正确的认识，有些企业没有能力或者不愿意承担自主创新所产生的风险，将企业的销售收入除了用于企业的日常开销外，全部用于原材料的采购，产品与技术几十年一贯制。从表面上看，企业的生产活动是维持了，但这样的企业很难承受市场变化的冲击，往往在市场竞争中最先败下阵来。

2. 创新链条仍存在缺失，链条的延伸程度不足。在实施创新驱动战略，推进各个领域的创新发展中，创新活动及创新主体之间具有密切的联系，并通过联合、协同等方式形成整体，以创新延伸为主线呈链条形态，创新链条并不是静态的，而是依靠各环节之间的联系和融合实现动态滚动，决定着整个链条的运转方向和运行效率，并实现对整个创新驱动战略实施效果的动态改进和静态跃升。在中国创新实践中，创新链条并不能始终保持作为一个整体的连贯运行，有可能部分环节的问题导致创新过程中断或创新进程的停滞，并与预期效果形成巨大的偏差。比如，中国在研究与试验发展（R&D）经费投入规模持续增加的大环境下，在创新链条中处于最前端环节的基础研究投入规模却未能形成率先发展的局面，其比重始终徘徊在5%左右，与美日欧等发达国家大约1/6—1/3的比重仍存在较大距离。此外，基础研究成果相对孤立，创新技术形成动力不足、技术成果转化应用复杂、创新产品和服务缺乏有效的市场机制等上下游环节脱节问题，也会导致创新链条延伸程度不足，甚至出现暂时断裂，创新活动中止。

3. 创新成果转化效率不高。近年来，中国研发投入每年都以两位数增速快速增长，每年有3万项科技成果问世，有7万项专利成果诞生，国际科学论文数量已居世界第2位，本国人发明专利申请量和授权量分别居世界第1位和第2位。但是与此不相匹配的是，中国科技成果的转化率仅有10%，比美国的转化率低70个百分点，这就是说数以万亿计的资金换来的研发成果，90%不能对中国的生产建设、企业进步发挥任何作用。究其根本原因，一是这些成果脱离了市场需求，二是没有达到可以向生产转化的成熟度，很多所谓的成果还不是成果。

4. 成果转化后的企业成长能力不足，创新租金快速消散。技术、管理等方面的创新为企业带来竞争优势，在被竞争对手大量模仿以前，可以使企业获取超额利润，即创新租金。一方面，高新技术产业具有高风险性的特点，产品生命周期较短，更新换代很快，创新优势难以保持，同时中国目前科技创新服务体系尚不完善，对知识产权创造、保护、管理和应用各环节的服务能力不足，企业防止技术或产品产权外泄的能力较弱。另一方面，中小企业是科技创新的重要力量，中小企业创造了80%的创新产品和服务，实现了国内65%的发明专利，融资难、融资贵一直困扰中小企业发展。据调查，31.8%的小微企业主认为向银行贷款的成本最高，也占比最高，四成以上的小微企业表示借款成本超过10%。这些因素都导致成果转化后，企业难以跨越“成长陷阱”，无法长期拥有和获取创新租金。

5. 从创新链向产业链的转型仍存在障碍，新兴产业的驱动作用未有效发挥。长期以来，科研部门和产业部门依据自身的权力和职责，在专项资金和政府性基金的支持下形成了各自的较具封闭性的“内部循环”，表现在科研机构和产业部门两个层面，则分别是“申请课题、开展研究、通过评审、再申请课题”和“引进技术、生产产品、技术落后、再引进技术”闭循环，据统计科研成果真正实现产业化的不足5%。虽然若干新兴产业涌现了一批关键核心技术，如通信设备、高速铁路、水电设备等已经具备国际竞争力，然而从产业链和关联产业发展的角度看，重大原始创新成果还不足，对经济的突破带动性作用不够明显。

6. 人才基础存在结构性缺失，理论和应用人才的比例失衡。一方面，虽然中国的科技人力资源总量稳居世界第一，但是高端的创新型人才仍非常稀缺。以IT服务行业为例，由于缺乏顶尖创新型人才支撑，中国IT跨国服务总收入中有65%来源于附加值较低的日本市场，高附加值的跨国服务收入只占总收入的10%，而印度的这一比例为75%，高端的创新型人才不足是制约创新驱动发展战略实施的瓶颈。另一方面，中国教育体系重视理论，轻视实际和应用，造成理论和应用人才比例失衡，大量接受了高等教育的人才并不能学以致用，人才需求结构与供给严重不匹配。

（三）创新驱动发展战略的国际经验借鉴

1. 以市场为导向，充分发挥政府作用。亚洲金融危机后，韩国认识到政府主导型创新国家建设存在的缺陷，如政府干预缺乏柔性、国家科技发展政策与地方科技政策协调不够、政府制定政策的滞后等，因此把原来一部分政府的职能交还给市场，更加注重对企业创新的投入，通过优惠政策重点扶持企业研究所。同时，政府仍发挥非常重要的作用，只是逐渐转变为宏观上的扶持和控制，包括完善鼓励创新的法令体系、配套相关政策、制定较为科学的创新发展规划等。

2. 财政资金撬动风险资本支持创新发展。以色列自20世纪50年代开始推动科技创新，但是其高科技产业的真正发展则是在1992年以色列政府启动母基金（即引导基金）模式之后，该基金引导了大量的社会资本进入风险投资行业，大大加速了以色列高科技产业发展，经过5年左右时间的孕育，1997年以色列的高科技产业开始高速成长。

美国经过50多年的探索，已经形成了一套系统的政府支持风险投资业发展的模式，美国政府运用其“财政风险杠杆”引导社会资本积极参与风险投资，虽然政府引导的风险资本总量只占风险资本总量的十分之一，但是美国的科技企业创业早期项目的50%以上都是其先行投资的，包括微软、英特尔、戴尔、雅虎等。

3. 重视自主创新能力建设。自主创新是一项系统工程，需要一系列科学的政策、制度措施保障，措施得力将使本国的自主创新能力得以提升。德国的产权制度、专利和知识产权等方面的法律制度保障了创造发明的个人和企业利益，激发人们投身于科学研究。同时，充裕的研究经费和优越的研究条件吸引和凝聚了世界优秀创新人才，德国洪堡基金会与联邦科研部联合设立两项科研奖：一项是旨在奖励国内外顶尖科学家的沃尔夫冈-保尔奖，另一项是奖励杰出年轻科学家的索菲亚-克瓦雷夫斯卡亚奖，在这种激励机制下，很多在国外的科学工作者纷纷来到德国。

4. 高校、企业联动创新。德国的高校一般采取教学与科研统一的办学原则，因而校内开展了大量高水平的科研活动。在这种机制下，德国高校都会主动到企业找课题，开展面向企业的科研，企业为了自身技术创新和发展的需要，也在国家的支持下在高校建立研究中心、实验室，提供各种科研项目及相应的经费。

二、“十三五”时期创新驱动战略的目标和思路重点

创新驱动战略的目标和思路需要基于既有的国家创新驱动战略、国内创新创业环境以及政府在创新驱动中的责任和使命而共同展开。

（一）“十三五”时期创新驱动战略的目标

创新驱动战略的总目标是党的十八大报告中指出的“要实施创新驱动发展战略，到2020年我国进入创新型国家行列”。这一明确的要求，为我们推动发展更多依靠创新驱动坚定了信念。党的十八届五中全会提出了创新、协调、绿色、开放和共享五大发展理念，把创新放在整个发展全局的核心位置，并通过创新实现新的效率提升和资源整合空间，从而将创新驱动作为国民经济发展新动力的核心源泉。

2015年颁布的《中共中央国务院关于深化体制机制改革加快实施创新驱动发展战略的若干意见》（以下称《意见》），把科技创新摆在国家发展全局的核心位置，并着力于全面创新的突破和有序推进，统筹科技体制改革和经济体制的改革创新，确定了实施创新驱动发展的“四个坚持”策略，即坚持需求导向、人才为先、遵循规律、全面创新，明确了统一的目标体系，即建成创新型国家。

根据总目标和《意见》的要求，“十三五”期间，深化体制机制改革，加快

实施创新驱动发展战略的主要目标是：到 2020 年，基本形成适应创新驱动发展要求的制度环境和政策法律体系，为进入创新型国家行列提供有力保障。人才、资本、技术、知识自由流动，企业、科研院所、高等学校协同创新，创新活力竞相迸发，创新成果得到充分保护，创新价值得到更大体现，创新资源配置效率大幅提高，创新人才合理分享创新收益，使创新驱动发展战略真正落地，进而打造促进经济增长和就业创业的新引擎，构筑参与国际竞争合作的新优势，推动形成可持续发展的新格局，促进经济发展方式的转变。

（二）“十三五”时期创新驱动战略的思路重点

2015 年《意见》的公布，代表着创新驱动战略顶层设计框架和机制的初步形成。根据《意见》，政府将从八大方面、三十个构成层面着力，促进创新驱动发展战略各项成果和措施的落地。其中，八大方面主要是指以下内容：第一，营造激励创新的公平竞争环境，以公平保障科学；第二，建立技术创新市场导向机制，以市场促进应用；第三，强化金融创新的功能，以金融服务应用；第四，完善成果转化激励政策，以转化促进产业发展；第五，构建更加高效的科研体系，以体系整合创新资源；第六，创新培养、用好和吸引人才机制，以人才巩固创新的基础；第七，推动形成深度融合的开放创新局面，以开放促进创新的效力提升；第八，加强创新政策统筹协调，以更加完善的政策体系保障创新成果的应用与发展。关键的着力点是使市场在资源配置中起决定性作用和更好发挥政府作用。此外，还应着力破除制约创新的思想障碍和制度限制，统筹力量，激发全社会创新活力和创造潜能。为了全面落实《意见》，要把握几个重点。

1. 注重创新环境的建设。创新活动从创意、研发直至市场实现，即是创新主体的经济利益实现，也是其创新精神和意志的升华。如果把创新活动比作种子从发芽、生长到成熟，创新活动的土壤、气候等环境就至关重要。随着改革开放的深入，各种法律、经济、制度环境的建设也要进一步优化。要坚持改进与科技创新相关的法律法规、文化环境和保护政策来支持和促进创新主体的各项创新实践，发挥市场机制和竞争来鼓励创新实践的关键性作用，营造公平、有序、公开的环境和机制，使创新精神深入人文、经济等各方面。

2. 注重体制机制的建设完善。创新的活跃需要各利益主体在一定约束条件下，达到激励相容，即各方都能够达到利益平衡。为了更好地实现创新驱动，要加强制度的建立和机制的完善。通过建立创新的市场导向机制，发挥市场机制对技术研究与发展的基本取向、路径选择和要素资源综合配置的引导作用。通过完善创新成果转化促进机制，尊重人才、服务创新，全面体现智力成果的市场价值和人才资源的有效配置，使创新人才在创新实践中获得与效率、产出和劳动付出相对应的合理报酬，以成果应用来实现创新活动的价值，以成果转化和产业化来提高效率和创造财富。通过新的人才培养计划，大力提升使用和引进人才的环境和机制，全力建设一支具有较大规模、富有创新意识、勇于担当责任的创新型人才团队，坚持按照人才发展的规律和创新驱动的规律引进和培养人才，以市场机制为基础实现人才资源的有效配置，实现人与才、才与用的有机统一。构建更加富有专业性、更加高效的创新体系，坚持全面创新的方向，以科技创新为基础强化对创新驱动的引领和支持，尊重规律、立足激励、科学分工、分类推进，提升高等院校、科研院所原始创新、基础创新能力，增强转制科研院所的应用性技术研发和周边配套能力。总体来说，要建立激励相容的市场化的体制机制，并着力于发挥政府、科研单位、企业、教育和学校，以及劳动者个人在人才资源素质提升、科技资源整合等方面的积极作用。

3. 实施以中国特色自主创新为核心的创新驱动战略。中国特色的创新驱动战略是建立在中国特色经济体制和经济条件下的，例如人口众多和经济发展不平衡，政府在经济发展过程中发挥主导作用，自主创新与进口替代仍不平衡，等等。为此，在构建开放型经济体制前提下，要积极促进内需和外需平衡，并依据相关产业的创新条件和自主创新能力，来决定该产业的开放策略，以及国际技术合作的程度和速度，并为该产业提升自主创新能力创造较好的条件。针对国内经济条件的不平衡，各地区的创新驱动战略也要因地制宜，在产业梯次和产业升级中达到平衡。在人才培养和教育方面，也要注重人才队伍建设的突出性、梯次性和平衡性。在政策实施方面，重视顶层设计，注意政策的系统性。在全面决策的前提下，制定好单项政策，避免单项政策与全面决策相对或相背离。在制定政策时就要考虑长短期结合，坚持地方特色和全局统筹相协调。经济增长要坚持依靠和促进创新活动的产业化，将成果转化推进为实际的生产活动，通过产业技术的改进和效率的提升不断培育和形成新的增长点，并且经济增长也能实现内需与外需平衡、产业层次和人才建设的平衡。

三、以“大众创业、万众创新”为基础，全力推进创新驱动战略

根据前文所论及的中国创新驱动战略的目标和思路，结合中国所面临的国内经济增速放缓、结构性矛盾增多和体制机制改革正在深入推进的经济环境，“十三五”期间中国创新驱动战略的重点是“大众创业、万众创新”。以创新来支持创业，以创业来应用创新，以“众”来形成趋势和潮流。财政应统筹各项资源，加大支持力量，以加强知识产权保护和推进低成本创新为主要着力点，实现创新驱动战略的目标与使命。

（一）积极推进创新驱动战略与“大众创业、万众创新”相衔接

“大众创业、万众创新”是我国经济社会发展新的驱动力，是中央针对目前复杂的经济运行态势而制定的全局性发展策略。通过进一步理顺政府与市场间的关系，坚持简政放权，坚持推进投融资的审批管理改革，坚持对创新创业实践的全面支持鼓励，形成中国创新发展和创业提升的新格局。创新驱动战略既强调创新，又全力推进驱动，在创新驱动战略的两端发力。在创新中，既强调创新的内涵、形式和机制，又激发全社会创新活力和创造潜能，因此，创新驱动战略为“大众创业、万众创新”目标实现提供了重要的支持，是“大众创业、万众创新”的前提。财政就是要从“大众创业、万众创新”与创新驱动战略联动入手，着力做好以下三个对接环节。

1. 创新的本质是人，人的组织和集中是“众”。创新是认识规律、运用知识和改造自然的活动，是人在理论学习和专业培训的基础上，掌握运动的基本规律，从而在事物的运动速度（技术创新）、运动的组织方式（管理创新）和运动形式（模式创新）等领域实现对旧的突破。而“众”则为人的总体，是人有效的集合方式，标志着人的构成、特性和集聚形式。从两个方面来说，“大众创业、万众创新”基础上的创新活动与实践，参加者主要是来自于社会各个阶层以及各行各业的劳动者集合而形成的高效率市场主体——企业；参加者在参与的时候强调统一性，表现出来的是相互协作、补足短板、敢于突破，是彼此之间更高效率、更密切联系之下构成的合作；参加的运行形式是外向泛化的和内向有组

织化的（即企业化），劳动者是创新的主体和灵活的个体，可以有序参加外向泛化的创新实践，也可以参加内向有组织化的创新实践，如果是参加内向有组织化的创新实践，则又会通过市场合作、创新协作和结构融入等方式，以相对内部化和有序社会化的方式参与到全社会的创新实践之中。

2. 创新以知识产权保护制度作为重要保障，知识产权则是私权的属性，是区别于人与“众”的权利。知识产权是一项因保护而产生的权利，权利要素是创新实践的创造性，也即要法定的标准才可以纳入权利的范围，知识产权要有符合法律规定的创新性标准，并且申请知识产权的权利人在身份属性上也符合法定要求，才能够被给予知识产权的法律地位和依法保护。从这种特征来分析，知识产权的形成不是根据单独创新主体（创新人才或生产企业）的创造性实践，而是根据创造性实践在市场上，在“众”之中能不能具备法律所要求的创造性和特殊性，在被法律授予权利之后，知识产权就成为一项具有合法的垄断性的权利，所包含的权利内容在一定时期就会是“众”的含义下的独有权利，具有了法律保障所需要的标准和管理的边界，从而形成社会化的专属性和支配性。这一过程就是，来源于“众”、创新于“众”，专属于“众”的体系构建。

在上述权利建构的基础上，知识产权的产权属性逐步完备，并成为社会化的激励创新实践的激励机制，产权的利益属于“众”的范畴和“众”的竞争性享有，而如果缺失社会性、法治化的知识产权机制，创新创造就无从获得有效补偿，就会成为一种社会“兴趣”而难以调动起“众”的参与。另外，知识产权的价值属性与一般的财产价值属性并不一致，其价值的大小与形成知识产权的创新性实践中的劳动投入量（价值）没有直接的关系，而与拥有知识产权的创新成果的应用效果（使用价值）关系直接且密切。因此，知识产权的拥有者要进行价值管理和使用管理活动，重视知识产权的价值增值和创新积累，加大投入力度和市场营销渠道建设，增加良好的物质基础和设备条件的保障，更好地实现知识产权的财产属性和应有价值。这样，尽管“众”具有良好的社会性，但在专属专用性资本投入上的规模明显不足，实验环境的投入和高精尖装备采购都需要较大规模的投入，这种投入一方面具有较大的专用性，投资的风险很大；另外一方面在行业内又具有良好的通用性，需要持续性使用环境和基础才能有效地体现投资的价值。因此，实施专用性实验环境和高精尖大型装备的共用共享，服务于“众”的低门槛，形成“众”之下的高水平、高附加和标志性创新实践，并有序减少创新成本，都将是创新驱动战略的核心构成内容和有效的着力重点。

3. 创新以驱动作为自身的目的，即实现创新性制造与生产，创业是连接创新与驱动最高效的模式。创新实践的效率和产出效果是以两个方面的价值实施标定的。一个是创新成果的使用价值，即创新成果以成果与生产相结合所产生的效率和效益作为价值的核定标准；另一个则是创新实践活动所消耗的劳动投入规模（价值量），但这只能作为最低准入的门槛和必须要覆盖的成本。因此，创新实践成果所形成的产权权利在市场中有内在规律和最低标准的限制，交易价格主要受到技术成果使用的影响，而不是技术成果本身载体和成本的影响（尽管要覆盖成本）。这样，尽管创新性制造和生产能够以知识产权的财产权转让和技术使用许可来实现，但实际上，最为广泛和高效的模式是原始权利人自己来应用和实施，把创新价值以社会化为载体，延伸为更有价值的创新性产品（服务）总价值或者是企业生产性收入。因此，大众创业是创新驱动最为有效的载体。接下来，创新驱动基础上的"创业"着力点就包括以下三点：一是要努力拓展创新的市场含义和创新成果的应用范围，既包括科学技术，也包括现代管理，还包括新型模式等；二是创新成果要具有资本属性，并努力拓展创新性资本的使用渠道和价值发现渠道，形成市场化背景下的创新成果直接转化和应用的资本化、产业化相融合的新模式；三是要推进创新转化与市场产出的融合，即转化的目标是市场产出的创新和扩张，这样创新成果的交易、企业的对创新成果的应用和市场对创新产品和模式的低壁垒就成为最为重要的影响因素。

（二）支持创新驱动战略的财政政策着力点与主要内容

根据国家创新驱动战略的目标和要求，结合中国当前所面临的复杂经济形势和外部环境压力，作为"国家治理的基础和重要支柱"的财税政策，应根据国务院的统一部署，以"四个全面"战略布局为指导，调动自身资源，统筹各方力量，坚持科学规范，为经济发展和创新驱动提供动力支撑。在具体的政策设计和规划中，须着力做好以下四个领域的工作。

1. 以市场为导向，大力提升创新潜力。市场的决定性作用是我们进行创新资源配置的重要前提，大众创业、万众创新的目标、道路、结构形式和政策手段都应按照市场规律进行。在公平竞争与结果提升的条件下，财政政策体系将有效发挥支持和引导功能，并与市场的机制和资源协力并进，提升整个国民经济的发展潜力。在这一领域，可以设计和推广以下政策手段：第一，支持 PPP 方式在基础设施和公共工程建设中更加规范和便利的应用。根据“十三五”地方政府性债务管理的新动态、新制度，有效对冲政府自身投资能力的下降，在大力支持政府各项投融资要求的前提下，与社会投资者进行共担风险、共享收益的合作，通过政府购买的方式或是市场竞争的机制，以最适度原则为基础，选择方案和执行能力最好的企业担任特别目的公司（SPV），以更为高效地支持政府在公共投资领域实现模式和管理上的革新。第二，采取运营补助、间接支持的方式推动企业自主创新。政府不干预具体的研发取向、创新实践、利益分配和风险补偿等机制和政策设计，由创新主体按照所具备的技术优势和对市场的掌控能力，自主安排研究实践，并实施必要的先期投入，运用全部可支配的要素进行科研创新。财政政策在坚持市场公平公正透明的前提下，对实验设施、融资活动和人员聘用提供间接性资金支持，以适当承担企业创新风险和资金成本。在研究目标实现后，根据法律法规的规定和非歧视原则，参与制定创新活动补助资金申请的标准，安排带有激励性和平衡性的后补助财力投入。后补助资金在管理上与前期政府投入的性质不一致，部分相当于企业所获得的市场收入，可以较为自由地自行支配和使用。第三，提升重点实验室、工程技术中心面向社会的开放力度，降低社会的研发成本和提升公用性专用资产的使用效率，进而为“两创”提供更加完善的设施辅助和条件支持，在不影响重点实验室运行、不改变创新实践的知识产权的基础上，显著改进创新产出活动的层次和效率，并鼓励创新实践的主动差异化进程。第四，多种方式谋筹创新转化资金，尽早实现成果的应用和转化。“两创”主体最主要的可支配资产的属性是知识产权，根据这一情况，在统一的政策框架下，财政政策将安排相应的补贴资金或奖励支持，与金融机构一起探索知识产权资本化和质押融资等新的渠道和方式，建立知识产权价值风险和使用风险的分担机制。

2. 以减税降费为手段，在成本和收入两个方面协同促进。从实践经验来看，结构性减税和普遍性降费能够有效降低市场准入限制，大幅度改善企业经营能力，有效提升市场投资兴趣，对企业可以从降低成本和增加收入两个方面形成激励，全面协调促进作用良好。现在，实践中高度关注减税降费手段的有效利用，用财政政策手段的“增加减少”激发市场机制的“指数阶乘”。当前，可着力推进的政策措施有：第一，从结构性减税转向生产性企业的全面减税，深入推进税制改革，强调重点论和两点论，既追求重点环节的有序突破，又关注系统全面的协调推进。目前，重点突破的关键环节是继续深入推进“营改增”改革，并力争全面完成，在实现全产业链抵扣衔接的基础上，优化税负的行业间分布，并刺激企业优化生产方式和治理结构，优化布局，提升效率，着力研发实践，形成更富有效率的专业化分工体系。2016 年要推进的“营改增”改革包括建筑业、房地产业、金融服务业和生活类服务业等重点行业，既要全面深入研究，又要大胆推进并取得突破，同时鼓励“营改增”过程中的模式创新、管理创新和技术创新。第二，进一步提升对中小企业的优惠力度，尤其是要关注小微企业的税负变化，根据小微企业管理不规范、经营风险大、市场开拓能力不足和产品差异化水平不高等问题，实施一些特殊的政策安排，如将部分高额的交易成本和增信成本实施一定程度的税收优惠安排是应纳入政策考虑的，也可以作为政府对小微企业提供市场信用体系不完善条件下的风险分担和成本补偿。建议可考虑对当前正在实施的对月营业收入或销售收入在 3 万元（含）以下的小微企业免征流转税的优惠安排实施深入的分析研究，确定合理的免税标准和调整机制，在此基础上，对小微企业的政府性收费和基金征收等活动进入深入研究，并全面清理。第三，推进企业所得税制的改革和完善，尤其对研究与试验发展经费的目录层次和核算范围进行深入调整，着重考虑模式创新的研发费用核算与市场拓展和消费扩张为目标的研究费用的核算问题，并争取纳入研发费用目录实施加计扣除。

3. 坚持定向调控的原则、立足创新成果的“驱动”效应提升。定向调控是以政策效果为导向，综合考虑政府的可承受能力和市场公平竞争的需要，对调控对象采取更加灵活、更为科学的政策手段，以确保政策目标的实现。当前可重点考虑以下措施：第一，进一步研究提升创业投资税收优惠的领域和范围，对以研发期和初创期为主的天使投资资金，进一步梳理税收优惠政策要点和节点，注重政策效率，进行更好、更有效的覆盖。支持有效调整创业投资基金投资创业期的创新企业的标准和条件，推进享受投资抵扣政策的创业投资企业范围扩大到有限合伙制企业的试点，并在总结试点经验基础上全面推广。第二，推进和完善高校、科研机构的创新成果转让应用的统计制度和报告内容。大力推进科研机构与原归属企业进行有效资产剥离，一般情况下，高等学校、科研机构作为主体将不能主动新创办企业，但不妨碍科研团队的创新和创业，支持研发成果采取许可合同等对外转让。强化高等学校、科研机构的创新成果产权的管理水平，以财政资金直接支持的项目所创造出来的研发成果，除部分涉及国防、国家安全、国家利益、重大社会公共利益外，在一定时限区间内始终未能有效利用、许可和应用转化的，国家将行使知识产权权利人的权利，并依法实施强制许可。

4. 调动政策资源实施加力增效、注重规范有序完善体系。一方面，财政政策要不断增加对“大众创业、万众创新”战略的资金投入和税收优惠；另一方面，在统筹协调的前提下，扩大资金的规模和拓展新的资金渠道，有效发挥政策的效力，保持实施进程的公平有序。主要的着力点包括：第一，承担国家职责，立足基础研究，统筹力量，增加财政投入规模，支持企业和科研机构独立自主的进行科研项目设计。优化政策的稳定性和竞争性，建立不同取向支持政策间的协调机制，既按要求加大资金投入力度，扩大高等学校、科研机制的创新规划权、科研自主权和人财物的支配权，又加大竞争性的资金投入，深入推进基础研究领域完善科研管理方式的改革，遵循规律，鼓励竞争，推进融合，在财政投入中设计特殊路径和个例视角的创新项目的资金支持方案。第二，优化以政府采购等制度和机制为手段，增加对创新性产品的需求支撑力度，促进中小企业的创新创业活动。既着力于当前，又着眼于未来，在综合考虑 GPA 协议谈判和国际惯例的基础上，进一步完善我国的支持采购创新产品和生产装备的政策体系。支持特殊条件下的以首购、订购等非招标采购方式支持重大创新产品的政策安排，以政府购买服务等方式支持服务创新活动，并以持续稳定的订单和大额采购的方式，改革创新产品的功能和提升应用转化规模。不断改进首台（套）重大技术装备的支持措施，不断完善研发、转化企业在产品、服务和示范等环节的激励和约束手段。按照法律法规要求，鼓励和放宽民口企业和科研单位进入军品科研生产和维修采购范围。第三，调动各方力量，增加投入规模，组建以国有企业资本为基础的创业投资基金和以国有资本经营预算资金为基础的国家新兴产业创业投资引导基金，既推进国有企业改革，实现改革效益，又与社会资本形成合力，并带动其他资金力量支持战略性新兴产业和高新技术产业早中期、初创期创新型企业发展。

后　记

2015 年伊始，中国财政科学研究院根据财政部部领导要求，集中科研力量，组织重点攻关，对涉及“十三五”规划相关重点、热点问题进行深入研究，其中一些研究成果以多种形式上报决策部门参阅。这里选取部分单独成篇、适合公开发表的研究成果编辑成书，冠名“聚焦‘十三五’战略任务与发展思路”，以飨读者，冀望助力实践，裨益研究。

傅志华、龙艳萍、闫晓茗参与本书编辑，中国财政经济出版社为本书出版提供了大力支持，在此谨致谢意！